JN164725

下野国が生んだ

足利氏

はじめに

「逆賊」と「英雄」を揺れ動く

源姓足利氏は東国、それも下野国《しもつけのくに》が生んだ名門氏族である。

足利氏2代義兼《よしかね》と、鎌倉幕府を開いた源頼朝《みなもとのよりとも》はいとこのような関係で、義兄弟にもなっている。義兼は、頼朝の勧めもあって北条政子《ほうじょうまさこ》の妹時子を娶《めと》っていた。

足利氏は5代頼氏のころまで、幕府のある鎌倉と出身地の足利とを行き来し、出家後は足利に戻って居宅に浄土庭園を造った。足利氏の廟所《びょうしょ》樺崎寺には、義兼が慈しんだ名匠運慶の作とされる二体の大日如来坐像《ざぞう》が残されていた。

足利氏はその後、鎌倉を活動の場とし、8代の尊氏が京都に武家政権を開いている。その室町幕府は15代続くが、この間、東国を治めていた鎌倉公方家は拠点を鎌倉から古河へと移し、江戸時代は喜連川氏を名乗っている。武士としての出発点と最終幕が下野国だった。

下野新聞社は足利氏の氏寺鑁阿寺《ばんなじ》本堂が国宝に指定され、廟所樺崎寺跡の整備が進むこの機会にこの歴史を知っていただこうと、2016年9月から翌年3月までの土曜日付紙面に「下野国が生んだ足利氏」を連載した。本書には新聞に載せきれなかった写真、史料も収録し、注釈を付けた。

足利氏を生んだ本貫の地・足利では、1981年の市制60年を記念した「尊氏祭り」の開催を巡って「市民の中から賛否両論」があった。「足利氏顕彰会」の旗振り役の一人だった足利商工会議所の元専務理事中島粂雄《なかじまくめお》さん（故人）は著書の中で「地元の新聞や雑誌に次々と『尊氏論』が掲載され、顕彰会も市民の理解を進めようとキャンペーン活動を進めたが、壁は厚かった」と振り返っている。

中島さんによると、足利出身の若い兵隊は軍隊で出身地を問われ、「足利」と答えると、「逆賊の町から来た」と鉄拳を見舞われたこともあったという。

戦前の歴史教育が、足利の人々を萎縮させてしまったように感じる。室町時代の研究は、研究者自身にとっても時代の影響を受けやすい分野ではあったという。特に戦前は「南北朝正閏論《せいじゅんろん》」の影響もあって、「南北朝・室町時代の研究が呼吸困難を起こしていた」という指摘もある。

しかし戦後になると、1960年代に佐藤進一さんの「日本の歴史9 南北朝の動乱」というこれまでのタブーを解き放つような書籍が出て、尊氏のイメージは大きく転換している。

よく考えてみると、私たちの美意識や生活基盤になっていることの多くが、室町時代に生まれている。京都に240年余りもあった武家政権の時代に、華道や能、墨絵、香道、そして和風住宅の原型など、今につながる多様で柔軟な日本文化が誕生している。

最近では「室町ブーム」が広がりを見せ、足利氏への関心も高まった。若手からベテランまで、優れた研究者が「足利尊氏」「足利直義《ただよし》」「応仁の乱」「享徳の乱」などを取り上げ、この時代の奥深さを伝えている。

連載ではその火付け役とも言える第一線の研究者に直接お会いして、意見をお聴きした。尊氏については「逆賊のレッテルを貼るのは歴史的事実の上からもお門違い」というのがほぼ共通した見解だった。一読して、足利氏を再評価していただけたら幸いである。

下野新聞社特別編集委員　綱川　栄

目次

ルーツ・足利

本書は2016年9月3日から17年3月25日までの下野新聞連載に加筆・修正を加え書籍化したものです。

本文中に出てくる人物の肩書などは取材当時のものです。

京都
若狭湾
綾部市
KYOTO
京都市
北大路
367
叡山電鉄本線
下鴨神社
相国寺
室町幕府跡
30
出町柳
101
京都御所
京都御苑
地下鉄烏丸線
鴨川
京都大
京都大
銀閣寺
(慈照寺)
法然院
安楽寺
谷の御所霊鑑寺
金戒光明寺
大
大文字山
187
平安神宮
丸太町
願照寺
32
京阪鴨東線
岡崎公園
京都市動物園
京都市美術館
等持寺跡
京都市役所
南禅寺
37
東山
本能寺
御所八幡宮
知恩院
阪急京都線
河原町
八坂神社
円山公園
地下鉄東西線
祇園四条
367
143
五条
六波羅探題跡
清水寺
1
東本願寺
三十三間堂
東海道本線
京都
1
奈良線
東海道新幹線
東福寺

地図

綾部エリア
綾部JCT
梅迫
丹波安国寺
484
舞鶴若狭自動車道
綾部安国寺
綾部
74
淵垣
舞鶴線
京都縦貫自動車道
由良川
綾部
綾部市役所
27
173
山陰本線
京都駅
大
大文字山
大徳寺
船岡山公園
金閣寺
衣笠山
31
龍安寺
立命館大
162
北野天満宮
仁和寺
等持院
蓮華寺
京福電気鉄道北野線
等持院
101
38
130
129
花園
東映太秦映画村
元離宮二条城
嵐山エリア
太秦天神川
地下鉄東西線
山陰本線
京福電気鉄道嵐山本線
本能寺跡
阪急京都線
四条大宮
9
1
西本願寺唐門
113
東寺
嵐山エリア
神護寺
嵐山・高雄パークウエイ
162
観空台遊園地
高雄中
後宇多天皇陵
137
大覚寺
大沢池
広沢池
29
嵯峨野トロッコ列車
二尊院
山陰本線
187
嵯峨嵐山
京都駅
トロッコ嵐山
嵐山
京福電気鉄道嵐山本線
天龍寺
112
烏ケ岳
桂川
嵐山
阪急嵐山線

足利

北関東自動車道
284
岩舟JCT
足利 IC
光得寺
樺崎八幡宮
(史跡樺崎寺跡)
吉祥寺
出世稲荷神社
208
両崖山
足利高
293
足利市郷土資料展示室
総合運動場
法楽寺
オリムピック・スタッフ
足利Gコース
市民会館
織姫公園
足利女子高
40
織姫神社
市役所
293
足利氏宅跡
法玄寺
鑁阿寺
史跡足利学校
トンネル通り
善徳寺
67
足利
太平記館
(足利市観光協会)
国府野遺跡
長林寺
足利市
渡良瀬橋
警察署
足利商工会議所
(友愛会館)
38
岩井山城跡
JR 両毛線
67
東武和泉
渡良瀬川
40
佐野
福居
50
東武伊勢崎線
佐野
小山

地図

桐生
鶏足寺
大岩山
219
つつじヶ丘CC
山前公園
67
JR両毛線
平石八幡宮（智光寺跡）
足利清風高
雷電神社
渡良瀬川
山前
256
八雲神社
39
五十部運動公園
足利公園
太田桐生IC
源氏屋敷跡
八幡山古墳
50
野州山辺
門田稲荷神社
5
122
253
407
下野國一社 八幡宮
韮川
38
藤本観音山古墳

鎌倉

鎌倉CC
覚園寺
亀ガ渕公園
永福寺跡
瑞泉寺
永安寺跡
朝比奈IC
頼朝の墓
鎌倉宮
護良親王の墓
白旗神社
足利直義の墓
熊野神社
石窯ガーデンテラス
大休寺跡
浄妙寺
延福寺跡
東勝寺跡
勝長寿院跡
204
報国寺
足利公方邸跡（旧蹟）
消防署
311
横須賀線
逗子

横浜
21
円覚寺
北鎌倉
東慶寺
浄智寺
鎌倉中央公園
横須賀線
長寿寺
建長寺
日野俊基の墓
浄光妙寺
鶴岡八幡宮
銭洗弁財天宇賀福神社
源氏山公園
英勝寺
鎌倉国宝館
佐助稲荷神社
寿福寺
鎌倉・吉兆庵美術館
宇都宮辻子
浅間神社
若宮大路
鎌倉市役所
鎌倉
鎌倉大仏殿高徳院
鎌倉市中央図書館
江ノ島電鉄線
鎌倉大仏
鎌倉文学館
鎌倉能舞台
川端康成記念館
32
311
長谷寺
和田塚
21
由比ヶ浜
長谷
江ノ島
134
鎌倉海浜公園
成就院
由比ガ浜海水浴場
相模湾

古河

古河
旧下野煉化製造会社
煉瓦窯
乗馬クラブクレイン栃木
満福寺
光明寺
261
4
小山
古河ゴルフリンクス
雀神社
261
竹駒稲荷神社
宗願寺
9
古河街角美術館
頼政神社
古河
大聖院
玉龍山大聖院
栃木
新古河
古河歴史博物館
368
354
長谷観音
JR宇都宮線
東武日光線
一向寺
神明神社
古河城本丸跡
古河市役所
古河庁舎
228
354
香取神社
リバーフィールド古河
古河スポーツ交流センター
カスミ
松月院公園
松月院跡
川戸台遺跡
古河総合公園
浅間神社
古河公方足利義氏墓所
古河公方公園
東京
渡良瀬川
古河公方館跡
御所沼
カワチ

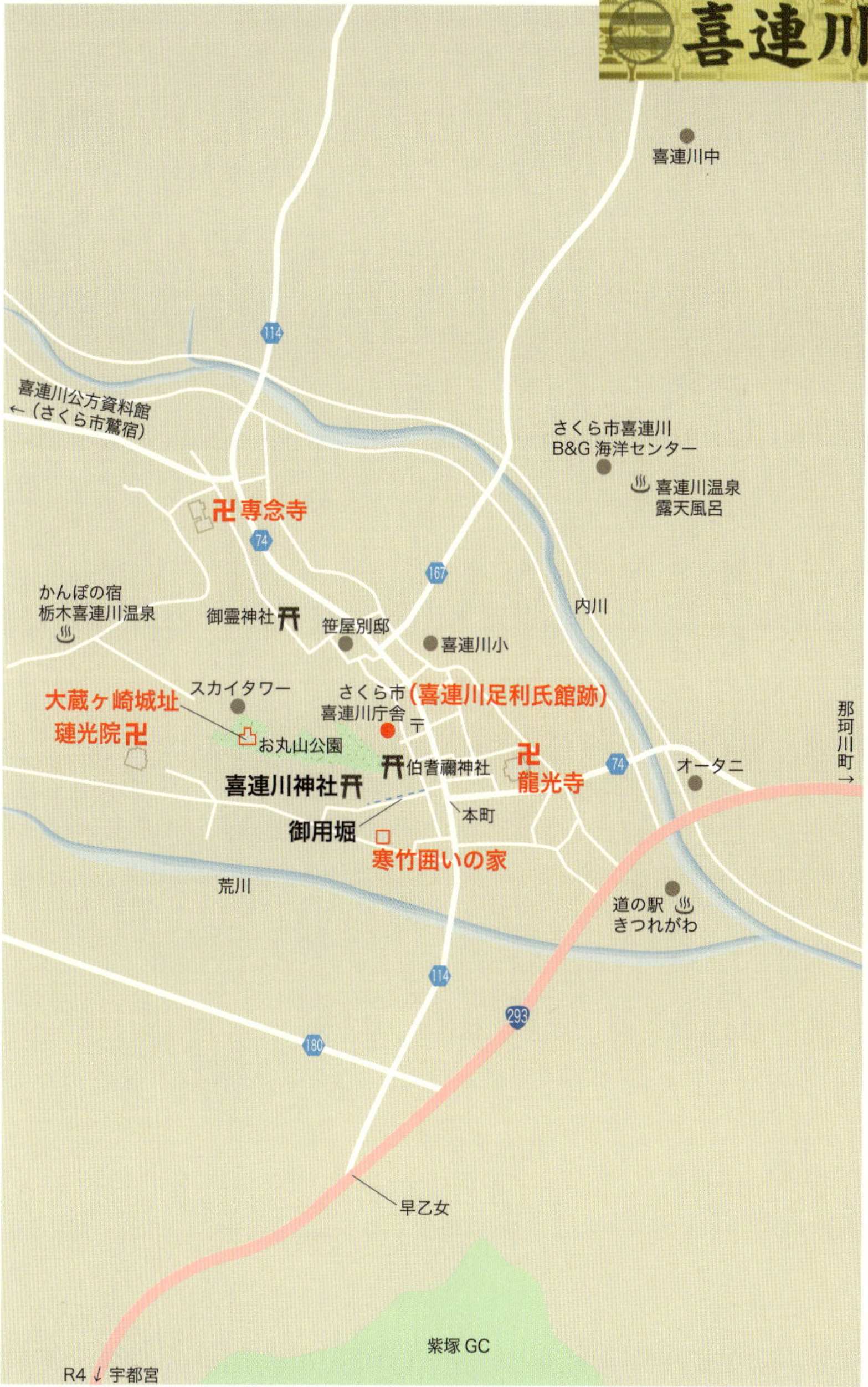
喜連川中
114
喜連川公方資料館
←（さくら市鷲宿）
さくら市喜連川
B&G 海洋センター
喜連川温泉
露天風呂
専念寺
74
167
内川
かんぽの宿
栃木喜連川温泉
御霊神社
笹屋別邸
喜連川小
スカイタワー
さくら市
喜連川庁舎
（喜連川足利氏館跡）
大蔵ヶ崎城址
璉光院
お丸山公園
伯耆礪神社
龍光寺
74
オータニ
那珂川町→
喜連川神社
本町
御用堀
寒竹囲いの家
荒川
道の駅
きつれがわ
114
293
180
早乙女
紫塚 GC
R4 ↓ 宇都宮

時代祭に足利将軍
―尊氏の受け止めに変化も―

京都御所から平安神宮を練り歩く秋の「時代祭」は明治時代から始まり、京都三大祭の一つに数えられている。しかし、歴史絵巻のようなこの祭には長い間、室町時代の列がなかった。

祭を取り仕切る京都の市民組織が、足利将軍などの「室町幕府執政列」の加入を認め、織田信長《おだのぶなが》、豊臣秀吉《とよとみひでよし》らの後に登場したのは、『桓《かん》武《む》天皇崩御1200年記念大祭』に当たる2007年のことだった。

「これでやっと時代祭だと胸を張って言える」

加入が決まった後、祭の時代考証を担った歴史学の大御所で京都大名誉教授の上田正昭《うえだまさあき》さんは、関係者にこう満足そうに話したという。

鑁阿寺（左）と足利学校＝ヘリから撮影

全国足利氏ゆかりの会の会長として「足利氏行列」の創設などを訴えていた当時の足利市長吉谷《よしたに》宗《むね》夫《お》さんは、下野新聞に「私の投じた一石が実を結んだかと思うと、満身の喜び」と稿を寄せている。

京都の市民組織代表者によるこの数年前の委員会では、行列の創設とゆかりの会会員の祭への参加がともに否決された。吉谷さんは「足利尊氏公が＊後《ご》醍《だい》醐《ご》天《てん》皇《のう》に反旗を翻したこ

＊**後醍醐天皇**
（1288―1339）
96代天皇。天皇親政を目指し、2度の倒幕計画に失敗。隠岐に流された後、建武政権樹立に成功するが、政局を安定させることができずに尊氏の離反を招いた。1336年、吉野に逃れて南朝を樹立、1339年に病没した。

とがそもそもの除外の理由であり、650年以上も前のことが今も尾を引いているのは噴飯ものではないか」と記している。

平安神宮は、平安遷都1100年に当たる1895（明治28）年に創建され、秋には市民挙げての時代祭が始まっている。以来、京都を代表する祭の一つとして浸透してきたが、室町時代としては南北朝時代の武将＊楠木《くすのき》正成《まさしげ》の列があるだけだった。

ところがこの「時代祭」が1998年の時代祭パリ巡行で披露されると、風向きが変わってくる。平安神宮講務部長の三宅正直《みやけまさなお》さんによると、祭の後のシンポジウムで地元の研究者から「なぜムロマチの列がないのか」と質問があり、関係者が返答に苦労する場面があった。これが足利氏ゆかりの会による「室町時代列創設」陳情のきっかけになった。

ただ、実現した「室町幕府執政列」で、京都の市民組織がモデルにした将軍は、9代義尚《よしひさ》であり、幕府を開いた初代尊氏《たかうじ》や室町に幕府を移した3代義満《よしみつ》ではない。三宅さんは「じゃ、誰からとなると、

＊楠木正成（1294頃―1336）
河内の土豪。後醍醐天皇を奉じて鎌倉幕府打倒に貢献。建武政権樹立に貢献し、河内和泉の守護となる。1336年、摂津湊川の戦いで足利尊氏に敗れ自刃。大楠公。

尊氏ではまずい。武将姿の将軍を資料で探していて、軽武装で費用的にもいいと義尚将軍になった」と内情を語る。

1336年、尊氏が京都に樹立した武家政権は、以降240年も存続した。足利氏ゆかりの寺は*京都五山の中心であり、3代将軍義満の山荘北山の鹿苑寺（金閣）、8代将軍義政《よしまさ》の慈照寺（銀閣）は京都を代表する観光スポットになって

京都三大祭の一つ、時代祭。2007年にやっと室町幕府執政列の加入が認められた（平安神宮提供）

＊京都五山
五山制度のもとで最も格式の高い京都の5つの禅寺。南禅寺を別格に天龍寺、相国寺、建仁寺、東福寺、万寿寺が位置する。足利義満の時に定められた。

●足利氏

1142	源義国、足利荘を所領とする
1150	源義国、足利の別屋敷へ
1156	足利初代義康、保元の乱で後白河天皇方に
1180	足利2代義兼、源頼朝に帰順
1221	足利3代義氏、承久の乱で後鳥羽上皇軍と合戦
1333	足利8代尊氏、鎌倉幕府に反旗。鎌倉幕府滅亡。 後醍醐天皇、建武政権発足。足利直義、鎌倉将軍府設立
1336	尊氏、足利幕府発足。南北朝に分裂
1350	足利直義、挙兵(観応の擾乱)
1358	尊氏没し、京都等持院に葬られる
1438	室町幕府、鎌倉公方持氏を追討(永享の乱)
1455	鎌倉公方成氏、古河に移る(古河公方)
1573	室町幕府滅亡
1591	古河公方の氏姫、喜連川国朝と、国朝没後はその弟頼氏と結婚

いる。日本の伝統芸能も多くはこの時代に育まれた。金閣、銀閣寺を子院に持つ臨済宗相国寺《しょうこくじ》派管長の有馬《ありま》頼底《らいてい》さんは「能や華道、墨絵、香道などは五山の留学僧からもたらされており、日本文化は室町時代を抜きには語れない」と強調している。

室町幕府を開いた尊氏の印象の受け止めにも変化がみられる。明治大教授の清水克行《しみずかつゆき》さんは「天下の逆賊というレッテルがはがされて、見えてきた尊氏像は、戦前とはまるで逆のイメージになっている」と言い、栃木県立博物館学芸部長の江田郁夫《えだいくお》さんも「尊氏が日本史上に残した足跡は計り知れない。人間味あふれる人物だったのではないか」とみている。

平安神宮。平安遷都を記念し明治時代に建てられた

足利氏関係略系図

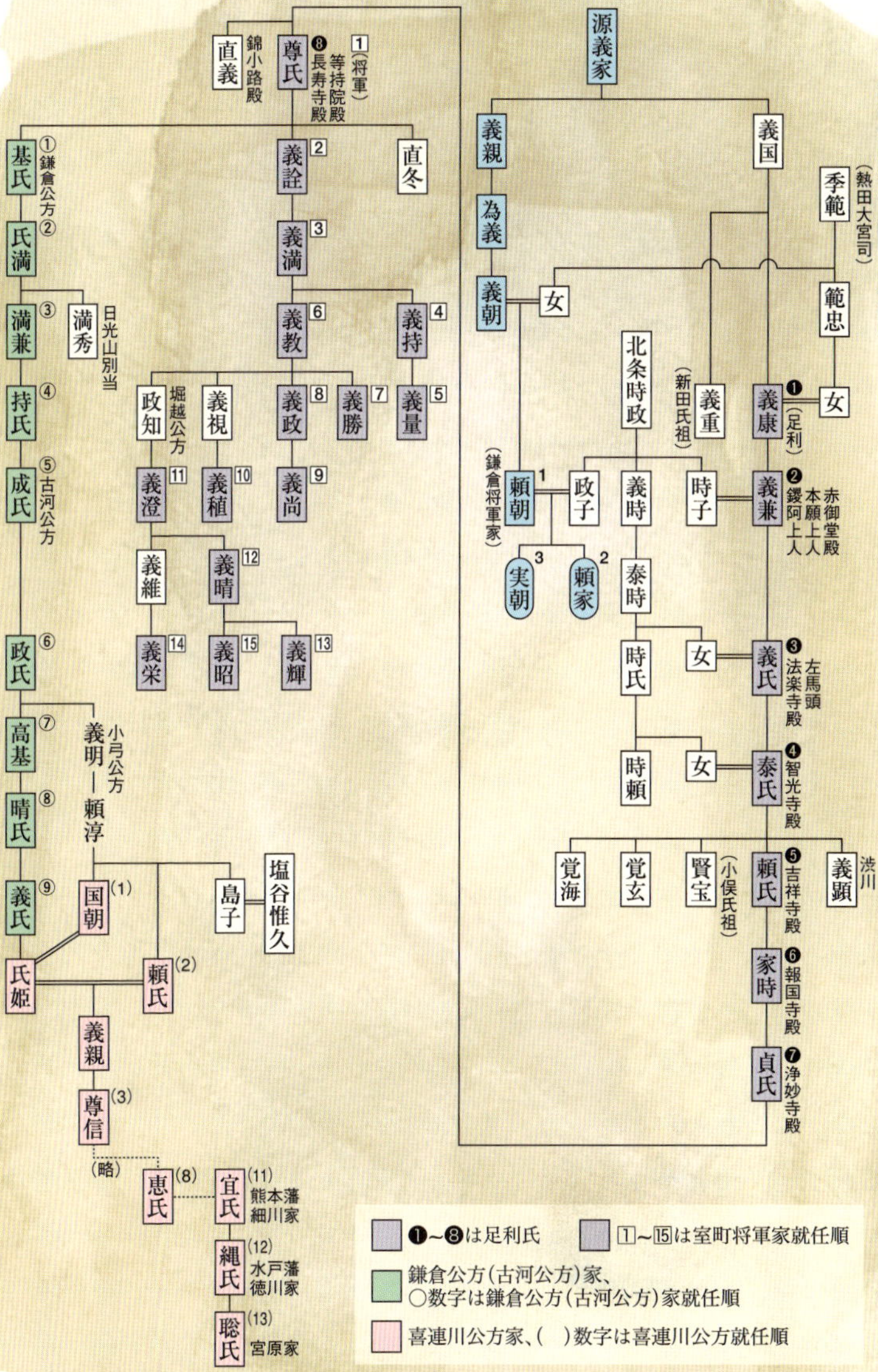

※県立博物館「足利尊氏」、さくら市ミュージアム「喜連川文書の世界」、「樺崎八幡宮」の資料の系図を加工修正した

等持院にある足利尊氏の墓

等持院

苦難の歴史 重なる尊氏評

足利尊氏《あしかがたかうじ》の墓は、京都洛西の古刹《こさつ》等持院《とうじいん》＊にある。

尊氏を支えた臨済僧夢窓疎石《むそうそせき》＊の作という庭の中央に、4重の石仏塔があり、そこに「等持院殿」と尊氏の院号が刻まれている。

54歳で没した尊氏は、衣笠山の麓で荼毘《だび》に付され、等持院に埋葬された。

100段規模の石段を上らないとたどり着かない豊臣秀吉《とよとみひでよし》、徳川家康《とくがわいえやす》の巨大な墓と比べると、畳2畳ほどの尊氏の墓は緑樹に囲まれて目立たず、訪れる人も少ない。

＊等持院

1341年、足利尊氏が天龍寺の夢窓国師を開山に迎え、京都衣笠山の南麓に創建した。尊氏と義詮が将軍だった時に幕府を置いた京都市三条坊門万里小路の等持寺（廃寺）も後に等持院に移され、足利将軍歴代の菩提所になった。

京都市北区等持院北町63

【交通】京都駅から市バス50番立命館正面前より徒歩10分。京福北野線等持院駅より徒歩10分

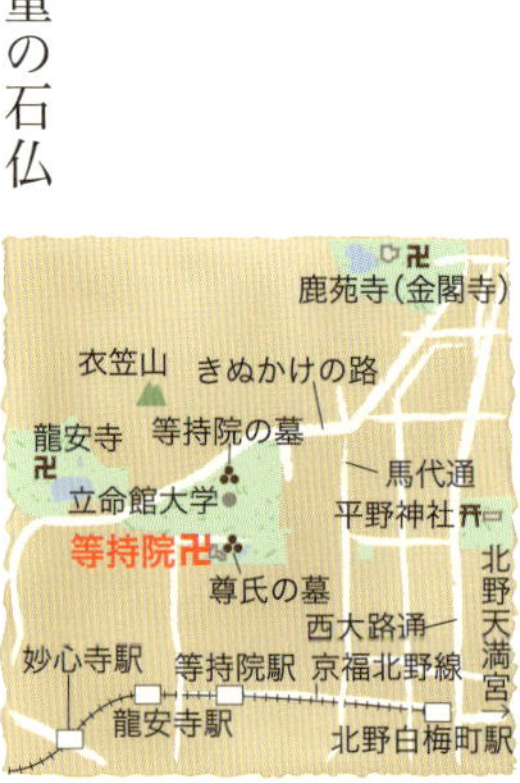

「これが天下の征夷大将軍の墓か、あやしまれる」。足利氏の流れを継ぐ喜連川家の子孫で、京都大文学部長や東海大学長を務めた*足利惇氏《あしかがあつうじ》さんが京都新聞への寄稿でこう記すほど質素である。

等持院自体も、衣笠山の南麓に広がる立命館大キャンパスによって境内が南北に分断され、北墓地はキャンパスの中にある。等持院執事の栂《とが》承俊《じょうしゅん》さんによると、立命館大を含むこの一帯は、かつては等持院の山内であり、室町時代には今の3倍ほどあった。

栂さんは「確かな記録は残されておりませんが、経営がだんだん苦しくなり戦前、立命館さんに切り売りしていったようです」と寺の苦難の歴史を語る。

茶室前から臨む庭園

＊夢窓疎石（1275―1351）
鎌倉末から南北朝期の臨済宗禅僧。北条氏、後醍醐天皇、尊氏兄弟が篤く帰依した。尊氏兄弟とのつながりは特に強く、等持院や天龍寺など尊氏が開いた寺院の開山になっている。『夢中問答集』は尊氏、直義との対話集。

＊足利惇氏（1901―1983）
足利氏の継承者で喜連川家前当主。京都大文学部長、東海大学長を歴任。著書に『足利惇氏著作集 第3巻 随想・思い出の記』（東海大学出版会・1988年所収）など。

江戸時代末、その苦難を象徴するような事件があった。何者かが等持院にあった足利将軍13体の木像のうち、3代までの首と位牌《いはい》を持ち去り、京都の市中にさらしたのだ。

後になって、公武合体を進めようとする徳川14代将軍家茂《いえもち》の上洛《じょうらく》に反発した尊皇攘夷運動の志士の所業と分かった。足利市の歴史研究家菊地卓《きくちたかし》さんは「逆賊とされた尊氏らを糾弾することで、徳川幕府に圧力をかけようとした事件だった」とみている。

尊氏はなぜ「逆賊」というレッテルを貼られたのだろうか。

栃木県立博物館名誉学芸員で日光観音寺住職の千田孝明《ちだこうみょう》さんは「*南北朝正閏《せいじゅん》論という議論を抜きにして語れない」と指摘する。

明治時代末期に起きた「南朝と北朝のどちらが正統か」という大義名分論に基づいた論争である。

南北朝正閏論について、国立歴史民俗博物館准教授の田中大喜《たなかひろき》さんは、「学問の世界では、戦前の一時期を除いて基本的に『両朝併記』で通ってきており、まさに時代が生んだ政治の産物だと思う」と語る。

＊南北朝正閏論
南北朝時代の南朝と北朝のどちらを正統とするかの論争。閏とは「正統でないあまりもの」を意味する。森茂暁さん著『足利尊氏』によれば、尊氏は明治末期の国定教科書の扱いをめぐって起きた「南北朝正閏論」の中で「反逆の徒」の烙印を押された。

足利尊氏(手前)など歴代の足利将軍木像が並ぶ等持院

等持院・3代義満

尊氏逆賊説が公に言われ始めたのは、江戸入りを果たした徳川家康が「新田源氏《にったげんじ》」を名乗り、さらに水戸藩の『大日本史』*など公的な歴史書が、南朝を正統とした江戸時代前期とされる。千田さんは「尊氏逆賊説は、新田源氏の子孫と称する徳川氏が足利氏に取って代わる正統性を付与する効果もあっただろう」と説明する。

しかし幕末には徳川氏も非難される展開となる。「新たな正閏論が明治政府に引き継がれ、昭和に入っても終戦まで徹底されていった」と千田さんはみる。

尊氏の子孫である足利惇氏さんは「尊氏が逆賊の烙印《らくいん》を押されるに至ったのは『大日本史』以来のことであり、とんだ役回りにされたというところが本当のところだろう」と振り返っている。

ここ等持院に残された木造の尊氏像は、振幅の大きかった生涯の苦悶《くもん》を超えて、訪れる人を穏やかに見つめているようにみえる。自らの没後の「正閏論」などはもちろん、知るはずもない。

＊大日本史
水戸藩主徳川光圀および水戸徳川家編纂の歴史書。73巻。南北朝時代について、後醍醐天皇の吉野朝廷（南朝）を正統とするなどしている。

変わる尊氏像

荒武者から端正な貴人へ

足利尊氏といえば、髪を振り乱した荒々しい、京都国立博物館蔵の「騎馬武者像*」を思い浮かべる。

四半世紀前の竹下内閣ふるさと創生事業で全国の自治体に1億円が交付されることになり、足利市も市民からのアイデア募集を経て「孔子像」と「衣冠・束帯姿の尊氏公像」の建立を決めた。しかしこの衣冠・束帯姿に対しては、足利商工会議所の観光開発委員会で「躍動美のある『騎馬武者像』にすべきだ」と提案があったという。

結局、この意見は採用されず、衣冠・束帯姿の

●足利尊氏

1305	尊氏生まれる
1333	鎌倉幕府を滅ぼす。後醍醐天皇の建武政権発足
1335	北条時行を撃破（中先代の乱）
1336	「建武式目」制定。室町幕府発足
1338	征夷大将軍に任命される
1349	幕府の内乱始まる（観応の擾乱へ）
1358	尊氏没し、京都等持院に葬られる

＊騎馬武者像　江戸時代の文献が「尊氏像」としており、戦前は国宝に指定された。尊氏説は否定されているものの、躍動感あふれる黒馬の描写など、完成度が高いと評される。京都国立博物館所蔵。国重文。

尊氏公像が鑁阿寺の南門近くに建った。この経緯を、会議所の専務理事だった中島粂雄《なかじまくめお》さんが「委員会のメンバーには、『逆賊』の汚名返上という点で、官位を象徴する衣冠束帯姿にこだわる方も多かったのだろう」と著書で振り返っている。

ところが今では教科書に載っていた「騎馬武者像」は、多くの研究者が像主を「尊氏ではない」と否定している。

根拠になっているのが、画像にある家紋や2代将軍足利義詮《よしあきら》による花押《かおう》（サイン）など。

栃木県立博物館特別研究員の本田諭《ほんださとし》さんは「尊氏であれば、家紋は桐紋《きりもん》や二引両紋*のはずだが、馬具などには全く違う『輪違紋《わちがいもん》』が描かれている。花押も息子の義詮が父の尊氏の頭上に記すことは非礼であり、あり得ない」と説明する。

尊氏の愛馬ではなく、背中に折れ矢が見え、抜き身の刀を担いでいる姿にも違和感があるという。

ならば騎馬武者は誰なのか。研究者の間からは、家紋などから尊

＊二引両紋（ふたつびきりょうもん）
足利氏家紋。輪の中に横に二筋の紋を引いたのが二引両紋で、新田氏の家紋は、輪の中に一筋の紋を引いた大中黒（一引両）紋だった。尊氏の家紋としては二引両のほかに桐紋が知られる。

足利氏

二引両

新田氏

一引両（大中黒）

氏の家政を取りしきった高《こう》一族の名が上がっている。

東京大名誉教授の黒田日出男《くろだひでお》さんは「執事の＊高師直《こうのもろなお》という説があるが、没年齢などから成り立ちにくい。2代将軍義詮の花押の型、記した時期、その理由などを考えると、最も条件を満たしているのは師直の妾腹《しょうふく》の子師詮《もろあきら》ではないか」と推測している。

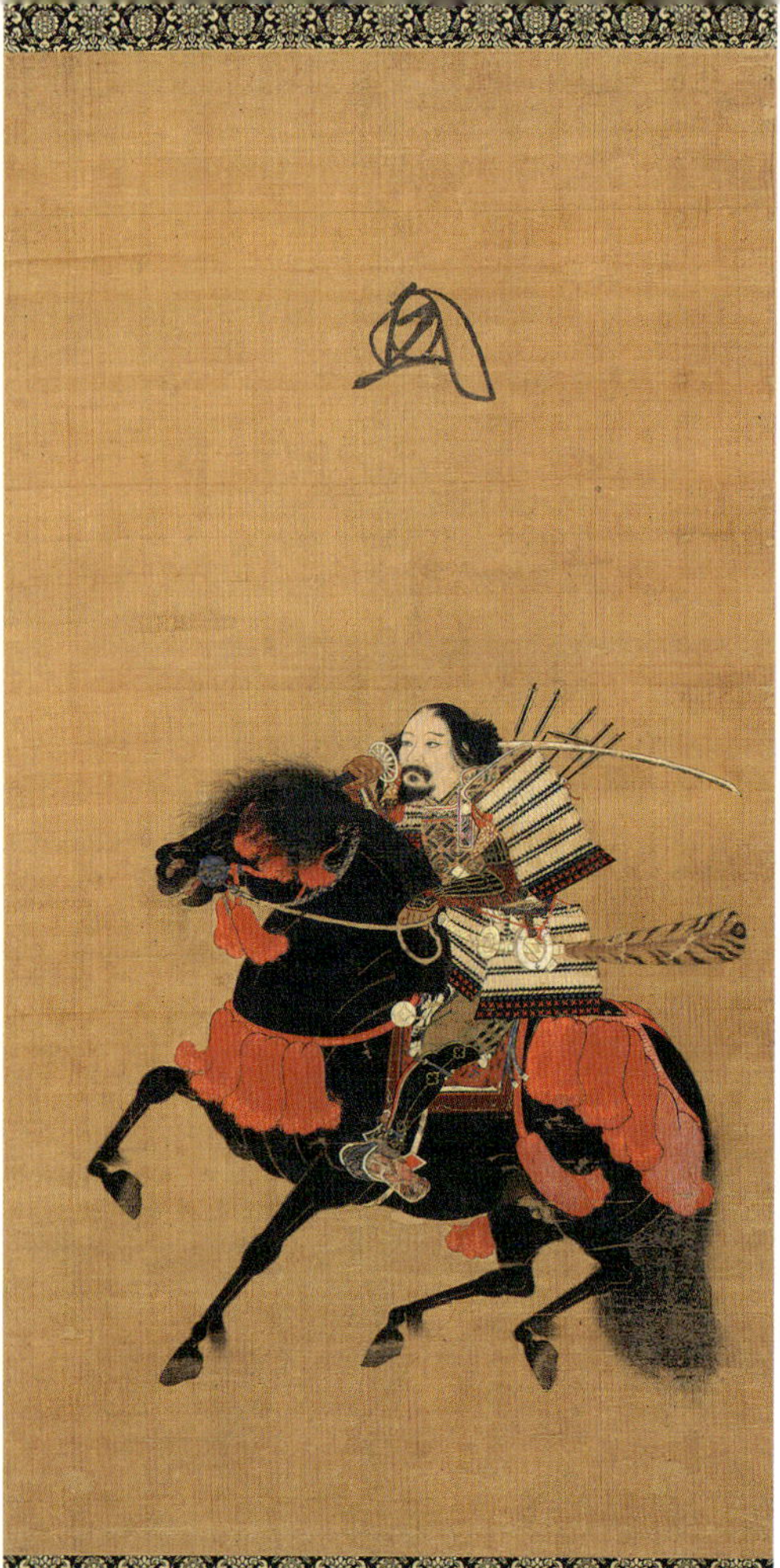

「騎馬武者像」(京都国立博物館蔵)の像主は、今では尊氏とは別人とされる。国重文

＊高師直（?―1351）
尊氏の執事。中先代の乱で後醍醐天皇に離反した尊氏を終始、補佐するなどし、鎌倉幕府と室町幕府の創設に軍事的に貢献した。傲岸不遜な実力主義者で、尊氏の弟直義と対立し、観応の擾乱を引き起こした。

下ぶくれの丸い顔に垂れた目、大ぶりの丸い鼻。

2012(平成24)年、栃木県立博物館で開催された「足利尊氏その生涯とゆかりの名宝」展には、こんな尊氏像が出品された。大分県国東《くにさき》市の安国寺からはるばる運び込まれたヒノキの坐像《ざぞう》で、2012年に国の重要文化財に指定された。

文化庁はこの際に「現存作例中では安国寺像が伝来の確かさや制作年代が最も古いとみられる点で、最も像主に近い作品であると考えられる」と解説。踏み込んだ見解は、国のお墨付きとも受け止められた。

その貴族のような束帯姿からは、武人とは思えない温和さも伝わってくる。

もともと京都東山にあった幕府祈祷《きとう》所の寺に安置されていた。しかし応仁《おうにん》の乱*後に京都山科の寺に移され、明治時代、安国寺に移管されたという。南北朝時代の代表的な肖像彫刻の一つとみられている。

広島県の浄土寺画像、京都の等持院木像とよく似ており、栃木県

***応仁の乱**(1467―1477)
細川勝元と山名持豊(宗全)の対立に将軍足利義政の跡継ぎ問題や畠山・斯波両家の家督争いが絡んで、諸国の大・小名が細川方の東軍と山名方の西軍に分かれて戦った大乱。

立博物館の本田さんは「尊氏の実際の姿を知ることのできる、最重要資料であることは間違いない」と言っている。

　南北朝を代表する武人像の「騎馬武者像」は江戸時代以来、長らく足利尊氏とされてきていた。ところが今は、この「武者像尊氏説」が否定され、端正なマスクの貴人像に変わってきている。

　明治大教授の清水《しみず》克行《かつゆき》さんは「あまりにも豪胆な騎馬武者像が『逆賊』とされた尊氏のイメージを補強する重要な要素になり、多くの人々に傲岸《ごうがん》不遜《ふそん》な尊氏像を刷り込んでいった。戦後の歴史学で明らかにされてきた尊氏の人物像は、安国寺像のイメージと変わらない」と話す。

＊尊氏邸跡にあった等持寺跡

＊足利尊氏邸・等持寺跡
別名「三条坊門第」。足利氏の武家政権発祥の地。尊氏はここで政務を執り、没した。のちに等持寺となり、足利氏の菩提寺として崇敬を集めた。だが応仁の乱以降は衰退し、別院であった等持院に合併された。
京都市中京区高倉通御池上る柊町583−2 保事協会館前
【交通】地下鉄烏丸御池駅下車徒歩5分

現存では最古とされる足利尊氏坐像(大分県国東市、安国寺蔵)。国重文

尊氏と直義

新たに浮かぶ兄弟像

京都市北西の*神護寺《じんごじ》には大和絵の最高傑作の国宝「伝源頼朝肖像画」が残されている。

神護寺住職の谷内弘照《たにうちこうしょう》さんによれば、鎌倉時代初期に寺内にあった後白河《ごしらかわ》法皇ゆかりの御所に掛けられていた肖像画で、神護寺略記には「後白河法皇の仙洞院に似せ絵の名手藤原隆信《ふじわらのたかのぶ》によって描かれた後白河法皇、平重盛《たいらのしげもり》、源頼朝《みなもとのよりとも》、（公卿《くぎょう》の）藤原光能《ふじわらのみつよし》、（法皇の北面の武士）平業房《たいらのなりふさ》の肖像画が安置された」とある。

このうち伝平重盛、伝源頼朝、伝藤原光能像が現存し、神護寺三像として知られている。中でも伝頼朝肖像画の高貴な姿は、鎌倉幕府の初代将軍として教科書を通して私たちの脳裏に深く刻み込まれ、

＊神護寺

山号は高雄山。和気清麻呂の創建といわれる。鎌倉時代初期、文覚上人（もんがくしょうにん）が再興。本尊の木造薬師如来立像をはじめ、五大虚空蔵菩薩像、伝源頼朝像など多くは国宝、重要文化財に指定されている。紅葉の名所。

通説になっていた。

ところが1995（平成7）年、この像主を「頼朝ではなく尊氏の弟*直義《ただよし》」と、通説を否定する研究者が現れた。

美術史家の米倉迪夫《よねくらみちお》さん。著書『源頼朝像 沈黙の肖像画』（平凡社、2006年）の中で、頼朝、重盛、光能とされた国宝の神護寺三像を、それぞれ足利尊氏の弟の直義、尊氏、足利2代将軍の義《よし》詮《あきら》だとする論を発表した。

●足利直義

1307	直義誕生か
1333	鎌倉幕府を滅ぼす。鎌倉将軍府設立
1336	兄尊氏と室町幕府発足。「建武式目」制定
1345	直義、願文を奉納
1349	幕府の内乱始まる
1350	直義、尊氏・高師直打倒のため挙兵（観応の擾乱）
1352	直義没する

衝撃は大きかった。頼朝像を巡っては半世紀前から疑問の声はあったものの、覆すには至らなかった。米倉説には反論もあるが、研究者の間では支持する声の方が大きい。

米倉さんは2012（平成24）年、栃木県立博物館でも講演。足利尊氏や直義らの肖像画とした根拠について、直義が神護寺に三像とともに奉納したとする願文の存在を示し、制作年代についても通説

京都市右京区梅ヶ畑高雄町5
【交通】京都駅からJRバスで約50分、山城高雄下車徒歩約20分。または阪急京都線烏丸駅、地下鉄烏丸線四条駅から市バス8号系統で約45分、高雄下車徒歩約20分

＊足利直義
（1307―1352）
足利尊氏の同母弟。尊氏とともに行動し、建武政権では関東の政務に当たる。足利幕府では尊氏が軍事、直義が政務を担当。鎌倉時代初期の執権政治を理想としたが、武闘派の高師直と対立、観応の擾乱の後に尊氏に降伏し、間もなく没した。毒殺説もある。

伝平重盛肖像画(京都・神護寺蔵)。国宝

の鎌倉初期ではなく、尊氏が生きた「14世紀の中頃」と指摘している。直義は1336年、兄尊氏とともに京都に武家政権を築いた人物である。尊氏が征夷大将軍、直義は政務を担い、兄弟で武家政権を切り盛りし「二頭政治」とも評された。

米倉さんが依拠した願文は1345年、直義によって神護寺に納められたとされ、現在は京都御所にある。願文は「征夷将軍（尊氏）と私（直義）の影像を描いてこれを（神護寺に）安置いたします。良縁をこの場に結び、その信心を子孫に知らしめるためです」と記し、神護寺と足利家との縁にも触れている。

願文の所在探しに協力した東京大名誉教授の黒田日出男《くろだひでお》さんは「米倉さんはこの直義願文を再発見し、神護寺三像と結びつけた。伝藤原光能像も、等持院の足利2代将軍の義詮像と完璧な一致と言いたいほど似ている。着眼が素晴らしく、三像はこれによって源頼朝像という通説のくびきから解き放たれた」と説明する。

神護寺三像は尊氏兄弟の母上杉清子《うえすぎきよこ》*の命日に奉納されたという。

***上杉清子**（?—1343）
上杉氏の祖重房の子頼重の娘。足利貞氏の室。尊氏、直義の母。幕府成立後は将軍の母として崇敬され、錦小路殿（にしきこうじどの）と呼ばれた。和歌にすぐれ、『風雅和歌集』にその歌が収められている。

「清子は亡くなる前に『兄弟で仲良く足利家の永続を』と願っただろうし、直義には兄弟による二頭政治持続という強い政治意志があった」。黒田さんは奉納された理由をこう説明し、その上で「直義は肖像安置による願いのかなえ方を夢《む》窓《そう》疎《そ》石《せき》から学んでおり、兄尊氏と自分の大きな肖像画を疎石の言うように対にし、足利氏と縁のある神護寺に安置したのだろう」と推測している。

それがなぜ「源頼朝」と伝わったのか。

神護寺は3度荒廃し復興。黒田さんは「肖像画は直義の敗死によって神護寺の蔵にしまい込まれ『名無し』となっていたが、江戸初期の寺の勧進活動で徳川家康の支援を取り付けるため『頼朝御影』とされ以降、大切に保管され続けたので今日まで伝来することができたのだろう」とみる。

これに対して神護寺住職の谷内さんは「神護寺に尊氏、直義の肖像画が納められたという文書が全く存在していないのは不自然。神護寺には2像（伝源頼朝像と伝平重盛像）のほか伝藤原光能像がある

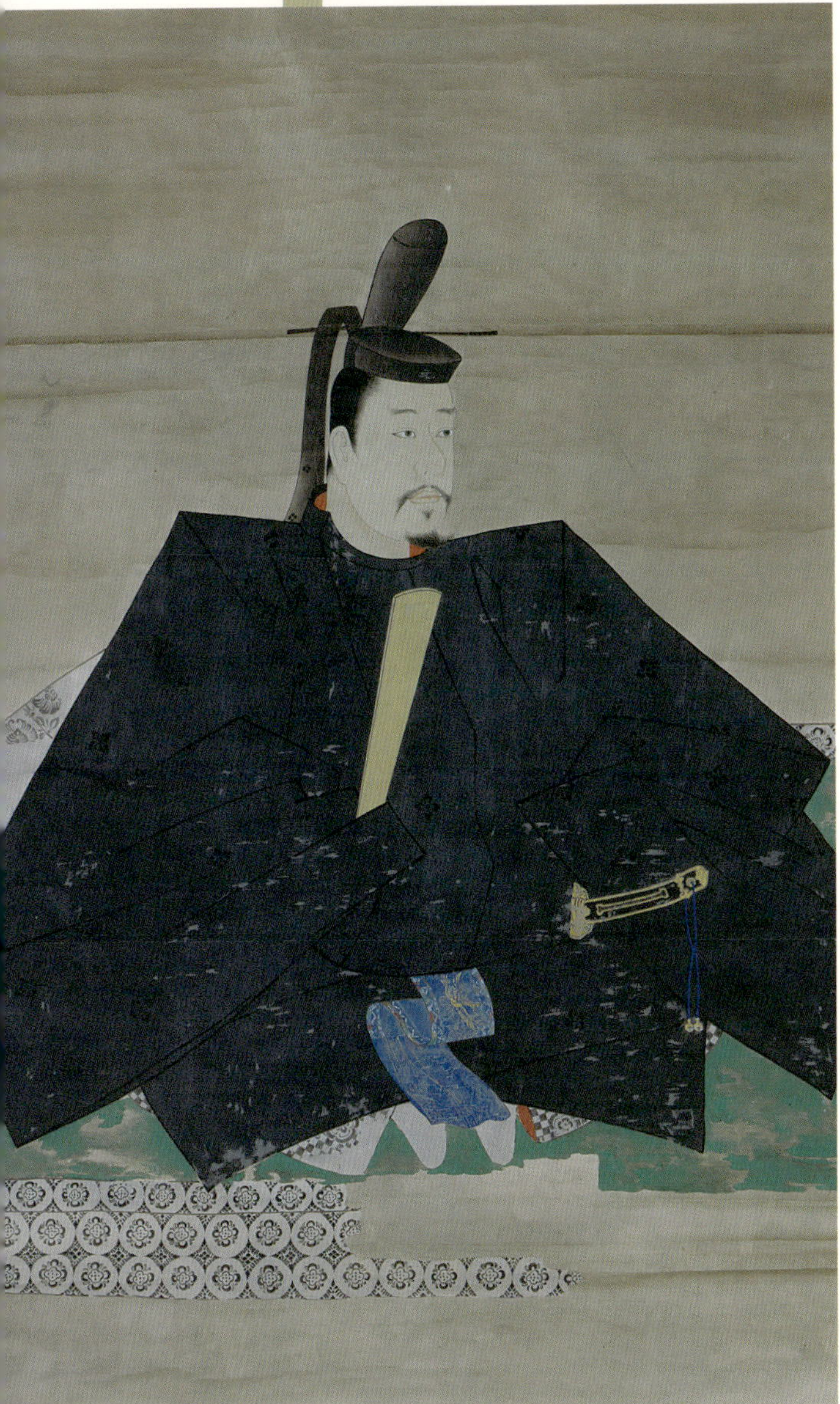

が、これを足利義詮とする明確な根拠も示されていない」と反論し、「現時点では伝頼朝像の表記を変更する必要はない」と強調している。

伝源頼朝肖像画（京都・神護寺蔵）。国宝

丹波安国寺

尊氏兄弟 生誕地に3説

室町幕府初代将軍の足利尊氏と、尊氏を補佐して政権の基礎を固めた弟直義《ただよし》。

この兄弟を産んだ母上杉《うえすぎ》清子《きよこ》の遺構や遺品が、清子の故郷とされる京都北部、綾部市の丹波安国寺《あんこくじ》*に残されている。

山あいの参道沿いに清子の館跡と産湯の井戸があり、さらに進むと足利家の家紋「丸に二つ引両」が彫られた山門の寺が見え、その右奥に清子と尊氏、尊氏の妻赤橋登子《あかはしなりこ》*の墓が並んでいる。

尊氏の産衣

＊丹波安国寺

尊氏・直義兄弟が元弘以来の戦死者を供養し、国土安穏を祈願して全国に造った寺の一つ。丹波安国寺は上杉氏の氏寺として発展。頼重の息女清子が足利貞氏の側女となって尊氏、直義を産んだ後は、足利家からも帰依を受けるようになった。尊氏の産湯の井戸、産衣が残されている。

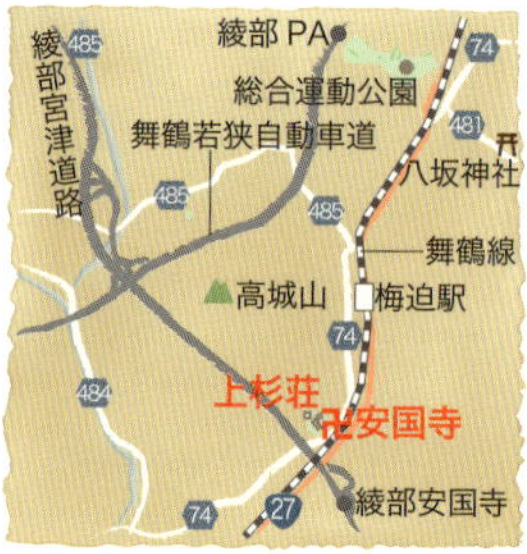

足利氏の紋が入る安国寺の山門をくぐると、正面に茅葺き屋根の仏殿が見える
＝京都府綾部市

住職の藤本政秀《ふじもとせいしゅう》さんは、尊氏の産衣で作られたという袈裟《けさ》を見せながら「足利7代貞氏《さだうじ》の側室だった清子が鎌倉から里帰りして尊氏公を産み、2、3歳まで育てたと伝わるのです」と寺とのゆかりを説明する。

尊氏の誕生地は京都のほか鎌倉、足利と3説ある。

綾部市安国寺町寺ノ段1
【交通】JR綾部駅からあやバスで17分、安国寺前下車徒歩3分

＊赤橋氏
北条義時の3男重時の子長時に始まる北条氏の枝族。足利尊氏の正妻赤橋登子は鎌倉幕府の最後の執権赤橋守時の妹。

関西の宗教者の多くは、この京都説を支持する。

藤本さんは「鎌倉には北条一門出身の正妻がいたので、上杉屋敷があった綾部に戻って産んだとしても不思議はない」とし、相国寺派管長の有馬《ありま》頼底《らいてい》さんも「母親が上杉ということを考えると京都の方が信ぴょう性がある」と主張。尊氏が国ごとに安国寺*・利生塔を建てた時、母清子ゆかりのこの寺を丹波安国寺とし、諸国にできた安国寺の筆頭と位置付けたことも京都説を補強している。

これに対し関東では鎌倉説を唱える研究者が多い。足利氏はこの時期、北条徳宗家に急接近しており、活動基盤を足利から鎌倉に移していたことがその背景にある。鎌倉国宝館学芸員の阿部《あべ》能久《よしひさ》さんは「上杉氏は当時、鎌倉に来ていて尊氏兄弟は鎌倉の上杉屋敷で生まれ

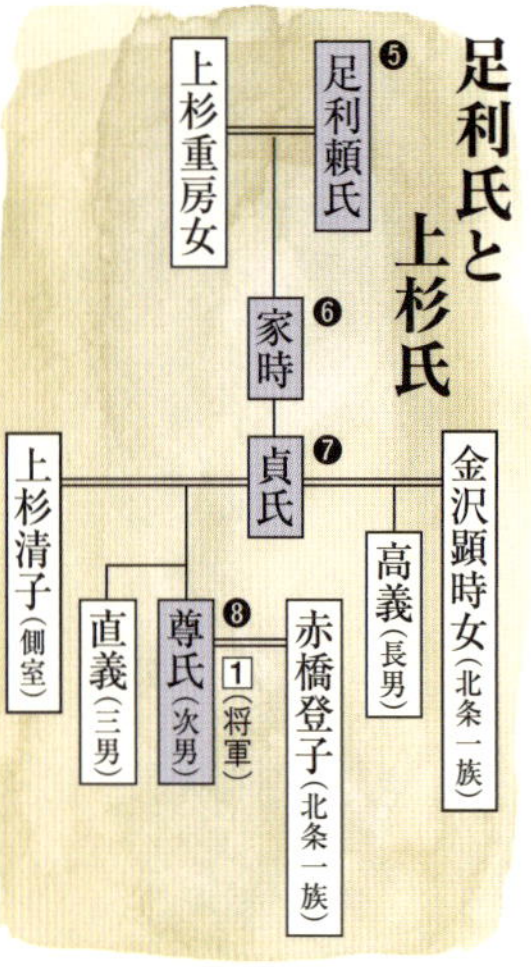

***安国寺**

尊氏と弟直義は、深く帰依していた夢窓疎石の勧めで1340年には後醍醐天皇の冥福を祈るため天龍寺を建て、全国66カ国に1寺（安国寺）1塔（利生塔）を建てた。安国寺利生塔は、元弘の乱からの戦死者の遺霊を弔うためとされる。

育ったのではないか」と推測する。

上杉家は京都の公家藤原氏勧修寺流《かしゅうじりゅう》の出身。綾部市資料館によると、清子の祖父が6代鎌倉将軍の＊宗尊親王《むねたかしんのう》に従って鎌倉入りしている。当時の鎌倉で権力をほしいままにしていたのは執権北条《ほうじょう》氏。館長の三好博喜《みよしひろき》さんは「新参の上杉では北条一門から相手にされないので、

京都府綾部市上杉町に残る上杉氏の居館跡。
尊氏の母清子はここ上杉荘の出身とされるが…

＊宗尊親王
（1242―1274）
鎌倉幕府6代将軍。後嵯峨天皇の皇子。母は平棟子。後深草天皇、亀山天皇の兄。1252年に鎌倉に下り、皇族として初めて将軍となった。1266年謀反の疑いで京都に追放され、のちに出家。歌人として知られ、家集に『初心愚草』『柳葉和歌集』『瓊玉和歌集』など多数。

名門足利氏に接近し、清子を7代貞氏に嫁がせて、足利氏に上杉の未来を託したのです」と解説する。

ただ尊氏は、誕生の時点では足利家の家督を継ぐ立場にはなかった。明治大教授の清水克行《しみずかつゆき》さんによると、父貞氏と名族金沢《かねさわ》北条家出身の正妻との間には8歳年上の*高義《たかよし》という跡取りがいた。上杉家は家臣筋であり、尊氏の母清子は「家女房」とも称される側室だったという。そのままならば、次男、三男の尊氏兄弟には、ごく普通の人生が待っていたはずだった。

しかし人生はどう転がるか分からない。家督を継いでいた兄高義が、若くして病死してしまったのである。尊氏はそれでもすぐ家督を継いではいない。高義には幼い遺児がいたので、父貞氏が家督の地位を手放さず、尊氏は数ある後継者の一人にすぎなかったという。

尊氏の転機は、北条一族の赤橋登子を正室に迎え入れたことで訪れた。

清水さんは「尊氏の最大の障壁は、足利家の歴代当主のほとんどが外戚とした北条氏と血縁がないことだったが、この婚姻で庶出の尊

＊足利高義
（1297―1317）
足利貞氏の嫡子。清水克行さんの著書「足利尊氏と関東」によると、尊氏よりも8歳年長で、母は北条一族の名族金沢顕時の娘。貞氏の正室だった。「高」の字は時の執権北条高時の名前から一字拝領したとされる。左馬助の官途を得ていたが、若死した。

氏の当主という番狂わせが現実味を帯びてきた」と解説する。北条氏には倒幕計略の顕在化など、不安定な政治情勢を収めたい背景もあったようだ。

尊氏はこうした中、北条氏という外戚を得て、表舞台に飛び出していく。

尊氏が産湯を使ったとされる井戸跡

上杉清子、足利尊氏、赤橋登子の墓（宝篋印塔）

天龍寺（上）
後醍醐天皇の菩提弔う

「この身はたとえ吉野の苔《こけ》に埋もれても、魂はいつも京都の天を望んでいる」

1339年夏、後醍醐《ごだいご》天皇は南朝の吉野（奈良）でこう遺言し、左手に法華経、右手に剣を握ったまま逝去した、と伝わる。京都の足利尊氏はこの報に接して嘆き、直ちに幕府の雑務沙汰を7日間停止して哀悼の意を表したという。

京都嵐山の天龍寺《てんりゅうじ》*はその後醍醐天皇の菩提《ぼだい》を弔うため、尊氏が夢《む》窓疎《そうそ》石《せき》を初代住職に建立した京都五山第1位の禅寺である。前宗務総長の栂《とが》承昭《じょうしょう》さんは「当時、世間で最も恐れられていたのは怨霊でした。それで疎石が尊氏兄弟に『帝の魂を鎮められてはいかがか』と説き、

＊天龍寺
臨済宗天龍寺派大本山。1339年、吉野で亡くなった後醍醐天皇の菩提を弔うため、足利尊氏が夢窓国師を開山として創建した。国師は堂塔建立の資金調達のため、「天龍寺船」による中国・元との貿易を進言し、1343年にほぼ七堂伽藍が整った。京都五山第一の寺格を誇った。

天龍寺船貿易で得た資金などで一帯に30万坪の大寺ができたのです」と経緯を語る。

後醍醐天皇は鎌倉幕府の倒幕を3度も画策した。

1333年、尊氏は隠岐島を脱出した後醍醐天皇の命を受けて、鎌倉幕府に反旗を翻している。尊氏は父貞氏《さだうじ》を失って仏事も終わらないうちに鎌倉幕府から出兵を命じられ、鎌倉を後にしたとされる。『近代足利市史』は「このことが尊氏の心中に北条氏に対する憎しみを深く刻みつけたことと思われる」とみている。

尊氏は京都に着いた後、各地の武士に「軍勢督促状」を出して、倒幕を呼び掛けている。そして尊氏は京都の六波羅を、新田《にった》義貞《よしさだ》と尊氏の嫡子千寿《せんじゅ》王《おう》（後の2代将軍義詮《よしあきら》＊）らは鎌倉を攻めて、鎌倉幕府を滅亡させた。東西の連携が奏功したとされる。

●天龍寺（上）

1333	足利尊氏が幕府に反旗、鎌倉幕府滅亡
	後醍醐天皇の建武政権発足。足利直義、鎌倉将軍府を設立
1335	北条時行が関東で挙兵（中先代の乱）
	尊氏、箱根・竹ノ下合戦で後醍醐天皇派遣の追討軍を撃破
1336	尊氏、新田義貞らに破れ九州に
	尊氏、九州の菊池軍を撃破。湊川の戦いでも勝利
1339	建武式目を制定し足利幕府を発足
	後醍醐天皇、吉野で逝去。天龍寺を創建

京都市右京区嵯峨天龍寺芒（すすき）ノ馬場町68
【交通】京福電鉄嵐山駅下車前。JR嵯峨野線嵯峨嵐山駅下車徒歩約13分

＊**足利義詮**（1330—1367）
室町幕府2代将軍。尊氏の3男。幼名は千寿王。尊氏の名代として、新田義貞とともに鎌倉攻めに加わった。母は北条氏一族の赤橋登子。

尊氏が夢窓疎石を開山として創建した天龍寺の庭園＝京都市右京区

これによって後醍醐天皇の建武の新政*が実現。しかし新政は最初から不手際が多かったという。恩賞の不公平や内裏造営の費用の課税などで武士の間に不満が高まり、公武の間に不和が広がる。都立大名誉教授の峰岸《みねぎし》純夫《すみお》さんは「後醍醐は奈良時代にあった天皇親政に戻そうと考えたが、矛盾点も見えてきて、尊氏兄弟とは距離ができていくのです」と話す。

＊建武の新政
鎌倉幕府滅亡後の1333年6月に後醍醐天皇が「親政」（天皇親政を理想とした専制政治）を開始。建武の中興ともいう。公家中心の政治となり、記録所や雑訴決断所を設けて一般政務や訴訟問題、恩賞の処理にあたったが、武士の不満を解消できず、2年余りで崩壊した。

こうした時に起きたのが、鎌倉幕府の執権*北条《ほうじょう》高時《たかとき》の遺児による反乱だった。尊氏の弟直義《ただよし》の足利将軍府を破って鎌倉に入ったため、京都にいた尊氏は「総追捕使および征夷大将軍として関東に下りたい」と願うが、許可が下りない。尊氏が求めた二つのポストは、武士政権の成立に必要な官職であり、後醍醐天皇が警戒したとされる。

　このため尊氏は後醍醐天皇の命令を待たずに出陣して反乱軍を撃破。天皇との間に大きな亀裂が入るのは、この戦いの後である。

　直義が反乱軍から攻められて鎌倉から三河へ退却する際、天皇の皇子*護良《もりよし》親王を殺害していたことが発覚する。

　護良親王は尊氏を暗殺しようとして鎌倉に流罪となっていた。直義が親王の殺害を指示したとされる。峰岸さんは親王の殺害について「直義は、親王が北条の手に落ちると、反足利の頭目として担がれかねないと判断したのでしょう」とみている。

　朝廷は勅使を派遣して尊氏の帰京を促すが、尊氏は動かない。弟直義と鎌倉に居続けて味方への恩賞などを行い、命令には応じなかっ

＊北条高時
（1303－1333）
鎌倉幕府後期の執権。父貞時の死により、最後の得宗（北条家家督）の地位にあったが、執権を退いて出家した後は田楽にふけったとされる。幕府滅亡寺に鎌倉で自刃。

＊護良親王
（1308－1335）
後醍醐天皇の第1皇子。出家して天台座主となり、大塔宮と呼ばれた。元弘の変に僧兵を率いて活躍、護良と改め、建武新政府では征夷大将軍となるが、足利尊氏と対立。尊氏暗殺計画を三度にわたり実行に移すが失敗に終わったとされる。鎌倉に流罪となったのち、幽閉された。

た。このため「謀反」とみた後醍醐天皇側は、足利氏征討の軍勢を関東に派遣する。

これに対し尊氏は、後醍醐天皇の征討軍が目前に迫り、慌てた直義らが出陣を求めても寺にこもって出てこようとはしない。このため足利方は直義が出陣したが、天皇の新田軍に敗れてしまった。

「直義が命を落とせば自分が生きていても仕方ない」

南北朝時代の軍記物語『梅松論』*は尊氏が、出陣に向けぎりぎりになって決断をする様子を記している。

こうして尊氏を加えた足利軍は、壊滅寸前から持ち直して逆に新田軍を西国に追い落とし、京都を手中に収めてしまう。明治大教授の清水克行《しみずかつゆき》さんは「尊氏は後醍醐天皇と弟との板挟みになって悩み続け、結果的に天皇を裏切るが、『申し訳ないと』反省している」とし、天龍寺の創建については「後醍醐天皇のほか、一連の戦いで亡くなった人のモニュメントのような意味もある。けりをつけようとしたのです」と語る。

＊梅松論
承久の乱から室町幕府成立期を描く2巻の歴史物語。作者は不詳だが、細川氏の関係者説が有力視されている。夢窓疎石が梅松論で尊氏の人間的魅力を説明している。

天龍寺の多宝殿に安置されている後醍醐天皇像

天龍寺（下）

兄弟の相克 南北朝に影響

天龍寺の傍らには足利尊氏の弟直義《ただよし》を祀《まつ》った祠《ほこら》（小堂）があったとされる。

寺は応仁の乱などで8度も焼けているので、その存在は確認されていない。しかし、南北朝時代の公卿《くぎょう》の日記『愚管記』に「故入道左《さ》兵衛督《ひょうえのかみ》（直義）の勧請の事有り。天龍寺の傍らに構う」という記事があり、没後10年にして、突然に追号と神号が授与されたことが分かるという。

京都女子大准教授の早島《はやしま》大祐《だいすけ》さんはその背

●天龍寺（下）

1336	足利尊氏と直義、湊川合戦で楠木正成らに勝利 室町幕府発足 後醍醐天皇、吉野へ（南北朝内乱始まる）
1339	後醍醐天皇の逝去
1341	直義、天龍寺船を元に派遣
1345	諸国に安国寺・利生塔を設置へ
1349	直義派が尊氏の執事高師直と不和に
1350	直義、尊氏と高師直打倒のため挙兵（観応の擾乱）
1352	直義、鎌倉で没する

景を「この時代は大地震や疫病などがあり、社会不安の解決が政治課題でした。そういうこともあって、室町幕府は非業の死を遂げた直義を神格化して魂を鎮めようとしたのです」と説明する。

　尊氏と弟直義は対照的な性格だったといわれる。

　天龍寺開山の夢《む》窓《そう》疎《そ》石《せき》は、尊氏を「戦場では勇猛で死を恐れる様子がない」「生まれつき慈悲深く他人を憎むことを知らない」「心が広く物惜しみする様子がない」と評したと『梅松論』が伝えている。栃木県立博物館学芸部長の江田《えだ》郁夫《いくお》さんは「武将の信望を集める器の大きな人物だったのでしょう」と推測する。

　しかし時には引きこもって引退をほのめかしたりもしたらしい。

天龍寺には直義を祀った小堂があったとされる
＝京都市右京区

1336年7月、尊氏は京都の清水寺に「自分は出家して隠居したい」「この世の果報を弟直義に授けてほしい」という趣旨の願文を納めている。湊川*（神戸市）の戦いで楠木正成《くすのきまさしげ》ら後醍醐天皇《ごだいごてんのう》軍に勝利し、京都を押さえて足利氏の天下としたのに、後事を直義に託して「引退したい」と言い出したのである。

天龍寺開山の夢窓疎石像（天龍寺蔵）

＊湊川の戦い
1336年5月、九州から東上した足利尊氏・直義兄弟の大軍が湊川で新田義貞・楠木正成の朝廷軍を破った戦い。新田義貞は敗走し、楠木正成は自害。

都立大名誉教授の峰岸純夫《みねぎしすみお》さんは「兄弟でも尊氏はスケールが大きく、清濁併せのむような包容力をみせる一方で、ふさぎ込むこともあるなど感情の振幅が激しい。しかし弟の直義は常に冷静沈着、思慮深く着実に仕事をこなしていく性格だった」と解説する。

尊氏は京都に幕府を開くと、引退こそしなかったが、一切の政務を直義に任せている。峰岸さんによれば、家政・軍事面は尊氏、内政面は直義と分け、尊氏の下には足利家の執事高一族などの武断派、直義の下には母方の上杉氏などの文治派が配置された。

だが政権内部では、兄弟の部下による対立が徐々に表面化してくる。恩賞として暫定

室町幕府初期の政治組織図
峰岸純夫さん著「足利尊氏と直義」から

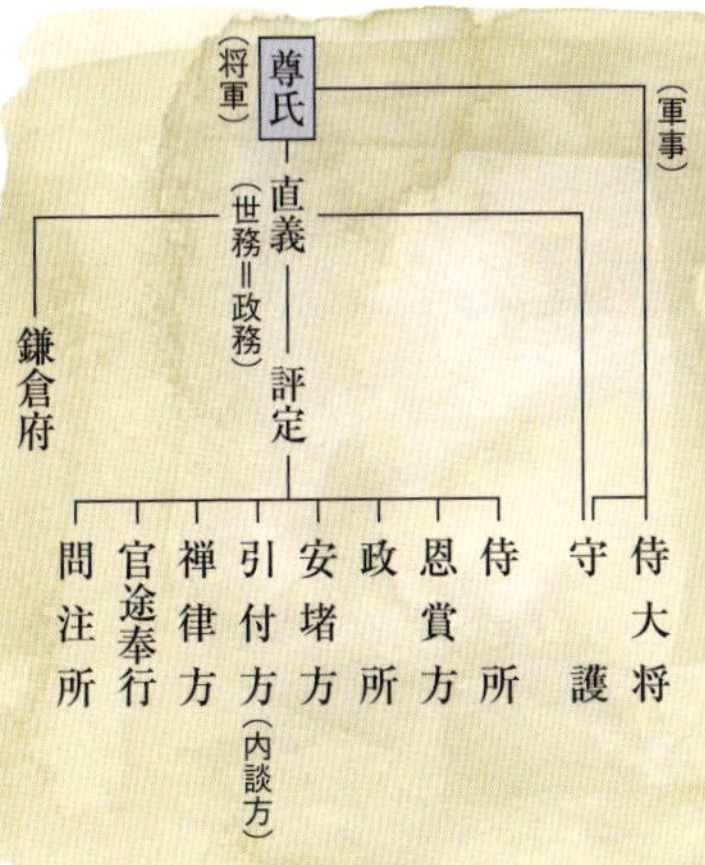

天龍寺の庭園

的に分け与えられた所領の処理などがきっかけになった。明治大教授の清水克行《しみずかつゆき》さんによると、尊氏は対南朝戦を有利に展開するため、荘園領主に断りなく土豪たちに年貢の半分を「地頭職」という名目で分け与えている。これに対し直義は、これを否定して歯止めを

かけ寺社や公家の経済的基盤、荘園制を擁護しようとした。伝統的秩序を守ろうとしたのである。

1349年、直義派が尊氏の執事高師直《こうのもろなお》排斥の動きを強め、師直は執事職を罷免されてしまう。これに対し師直も軍勢を率いて直義を襲撃。邸宅を包囲された直義は女装して尊氏邸に逃げ込んだという。

こうした内紛「*観応の擾乱《じょうらん》」は南朝を巻き込んで拡大し、直義が失脚して亡くなるまで長引いた。

清水さんは「室町幕府は新興勢力や武士たちで生み出されているが、直義の厳格な行動が幕府内で次第に敵をつくり出し、自らを追い込んでいった」と指摘し、峰岸さんは「南北朝内乱が60年も続いたのは、尊氏兄弟の内紛が影響したためだが、直義の行動は国全体を考えてのことだったと思う」とみる。

＊観応の擾乱
（1349―1352）
足利尊氏・直義兄弟による将軍権限の分割政治（二頭政治）のもつ矛盾による両派の分裂と、それによって引き起こされた全国的争乱。足利氏内部にとどまらず、南朝と北朝、それを支持する武家や公家どうしの確執なども乱の背景にある。

の御所」に隣接する相国寺の法堂にある蟠龍図＝京都市上京区

相国寺

「七重大塔」で権力示す

3代将軍の足利《あしかが》義満《よしみつ》が建てた*相国寺《しょうこくじ》は京都御苑の北にあり、「花の御所」と呼ばれた室町邸跡からも近い。参道から総門を過ぎると、赤松が広がる4万5千坪という寺域の奥に、鳴龍《なきりゅう》で知られる法堂《はっとう》、開山塔などが並んでいる。

創建当時は隣接する同志社大、同志社女子大なども寺域だったという。相国寺派管長の有馬《ありま》頼底《らいてい》さんは「室町時代の寺域は140万坪もあって総門は室町邸と兼用でした。義満は南北朝を統一するには力のある政権でなければと、室町通りに御殿を築き、境内に七重大塔を建てて守護大名を黙らせたのです」と語る。

寺の敷地については異論もあるが、「七重大塔」は研究者の間でも

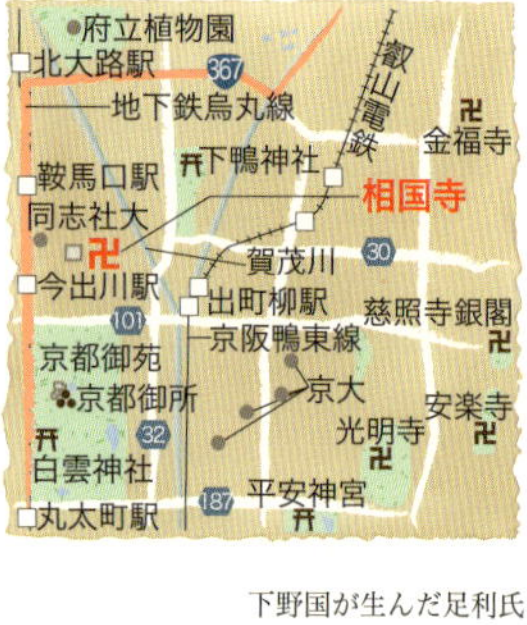

＊相国寺　臨済宗相国寺派大本山。室町3代将軍義満が幕府の東側に創建した。京都五山第2位に列せられる名刹。現存する法堂は日本最古。

京都市上京区今出川通烏丸東入

【交通】京都駅から地下鉄今出川駅下車徒歩約8分。京都駅から市バス同志社前下車徒歩約6分

約109メートルの高層建築物だったと認識されている。同志社女子大教授の山田《やまだ》邦和《くにかず》さんは「女子大の北側に上塔ノ段という町名が残されており、そこにとんでもない高さの建物がありました。現在、残されている塔では京都の東寺の55メートルが最大ですから、前近代で最も高い建築物でした」と解説する。

しかし大塔は創建から4年後に焼け落ちてしまう。あまりの高さのため、雷に打たれてしまったのだ。

それでも義満は即座にこの塔の再建を決意。京都女子大准教授の早島《はやしま》大祐《だいすけ》さんによると、今度は自身の別荘だった北山の地に同じような規模の大塔の建設を進めている。

その大塔の塔頂に付いていたとみられる装飾品の一部が今夏、鹿苑寺（金閣）の黒門北側の売店跡から見つかった。発掘調査を進めていた京都市埋蔵文化財研究所は「大塔に使われた相輪の破片ではないか」とみている。

義満は北山第《てい》*に鹿苑寺のほか大規模な邸宅を創建し、ここを拠点

＊北山第
京都北山にあった足利義満の邸宅。1394年、将軍職を嫡子義持に譲った義満は、室町殿を義持に与えてこの地に移住。以来、義満が死去するまで政治・文化の中心になった。邸宅は義満の没後、鹿苑寺となり、金閣はその遺構。

に活動を始めている。しかし鹿苑寺の境内に威風堂々、屹立《きつりつ》していた大塔も数年後には焼失してしまう。雷が原因だったとみられている。

義満はどうしてこれほどの大規模造営を重ねたのだろう。早島さんは「大塔建設の直接の目的は父義詮《よしあきら》の菩提《ぼだい》を弔うためだが、その落慶法要では塔の高さという物理的側面に加えて白河法皇《しらかわ》*時代をも圧倒する演出が施されており、義満の権力が院政時代を超えてナンバーワンなのだと知らしめる道具立てになった」と説明する。

義満が建てた鹿苑寺の金閣＝京都市北区

＊白河法皇（1053—1129）
72代天皇。皇子の堀河天皇に譲位し上皇に退いたが、天皇が幼少であるため政務を執った。これが院政の始まりとされる。出家後は法皇と呼ばれた。

義満は何を目指していたのだろうか。

山田さんは「足利幕府は北朝と相互依存の関係にあり、朝廷と武家をまとめ上げたような『公武統一政権』を目指していたのは確か」とみている。

初代将軍尊氏の時代には「鎌倉を武家の本拠地に」という考えもあったようだ。ところが南朝があるので京都を離れられない。室町幕府は結果的に、鎌倉幕府と全然違う性格の政権になった。

山田さんは「幕府が京都にあると、どうしても北朝が幕府に寄りかかり密着してしまう。南北朝は最終的に義満が統一するが、天皇を意識した統一になった」という。北山第はその義満の権力のシンボルになったのだろう。

しかし4代将軍義持《よしもち》が政権を握ると、北山第の巨大伽藍《がらん》群は金閣だけを残して撤去された。義持は天皇から亡き父義満に贈られるはずだった「太上法皇《だじょうほうおう》」の称号を辞退し、幕府を「花の御所」から三条坊門に戻し、*日明貿易をも中止させてしまう。

＊日明貿易
1401年足利義満が遣明船を派遣。1404年渡航証明書の勘合符による勘合貿易となった。銅・硫黄・刀剣などを輸出し、銅銭・絹などを輸入した。

義持の政権は守護大名のバランスの上に安定していた。が、若くして亡くなった5代将軍義量《よしかず》の後継者指名をしなかった。このため重臣たちが集まり、「くじ引き」という前代未聞の方法によって6代将軍義教《よしのり》が誕生する。

ところが選ばれたこの義教が強権政治を行ったため、守護大名の一人に殺されてしまう。

山田さんは「義教自身の性格もあったのでしょうが『私は神に選ばれた』と自信を持って突っ走る。その強権政治が積もりに積もって大名の反乱に遭い、それからガタガタとなっていく」と指摘し、この義教の死が室町幕府の弱体化に至る転機になったとみている。応仁の乱が始まる四半世紀前のことである。

室町幕府跡の石碑

●足利義満ー義教

1368	義満、征夷大将軍に任命される
1378	幕府を室町の「花の御所」に移す
1382	相国寺を建立へ
1392	南北朝を合一
1394	将軍職を義持に譲り太政大臣に
1397	北山第造営へ
1408	義満没す
1409	義持、北山第の破却に着手
1441	6代将軍義教暗殺される(嘉吉の乱)
1467	応仁の乱始まる

臨済宗相国寺派管長の
有馬頼底さん

下野国一社八幡宮

源姓足利氏「発祥の地」か

「源姓足利氏発祥の地」の碑

足利尊氏の先祖、源姓足利氏はどういう経緯で足利にやって来たのだろう。

渡良瀬川南部、足利市八幡町の*下野国一《しもつけのくにいっ》社八幡宮《しゃはちまんぐう》には「源姓足利氏発祥の地」と刻まれた石碑がある。

平安時代の後期、八幡太郎源義家《みなもとのよしいえ》が陸奥の豪族安倍《あべ》氏を討つため、東山道沿いのこの地に立ち寄ったと伝わる。八幡宮には義家の軍が掲げたという5メートルの旗ざおが残され、石碑には「義家が神社近くに宿営し、

＊下野国一社八幡宮

源義家の軍が前九年の役で八幡宮付近に宿営し、戦勝を祈願して小祠を創建、京都の男山八幡宮を勧請したと伝わる。

足利市八幡町387—4

【交通】東武伊勢崎線足利市駅から徒歩約10分。野州山辺駅から徒歩約8分

戦勝を祈願して小さな祠《ほこら》を創建した」と記されている。

『近代足利市史』には「義家は下野など東国を足場に前九年、後三年の役という奥羽の内乱をほとんど独力で鎮めた」とある。栃木県立博物館の元技幹で日光観音寺住職の千田孝明さんは「朝廷が私闘として扱い恩賞が出なかったため、加わった東国武士らを私財でねぎらったので人気が集まった。武家の棟梁《とうりょう》としての地位を不動にしたのはこの戦い」とみている。

源姓足利氏はこの義家から起こっている。義家の次男義親《よしちか》の曾孫に鎌倉幕府を開いた頼朝が出て、3男義《よし》国《くに》*の流れが足利氏になっている。

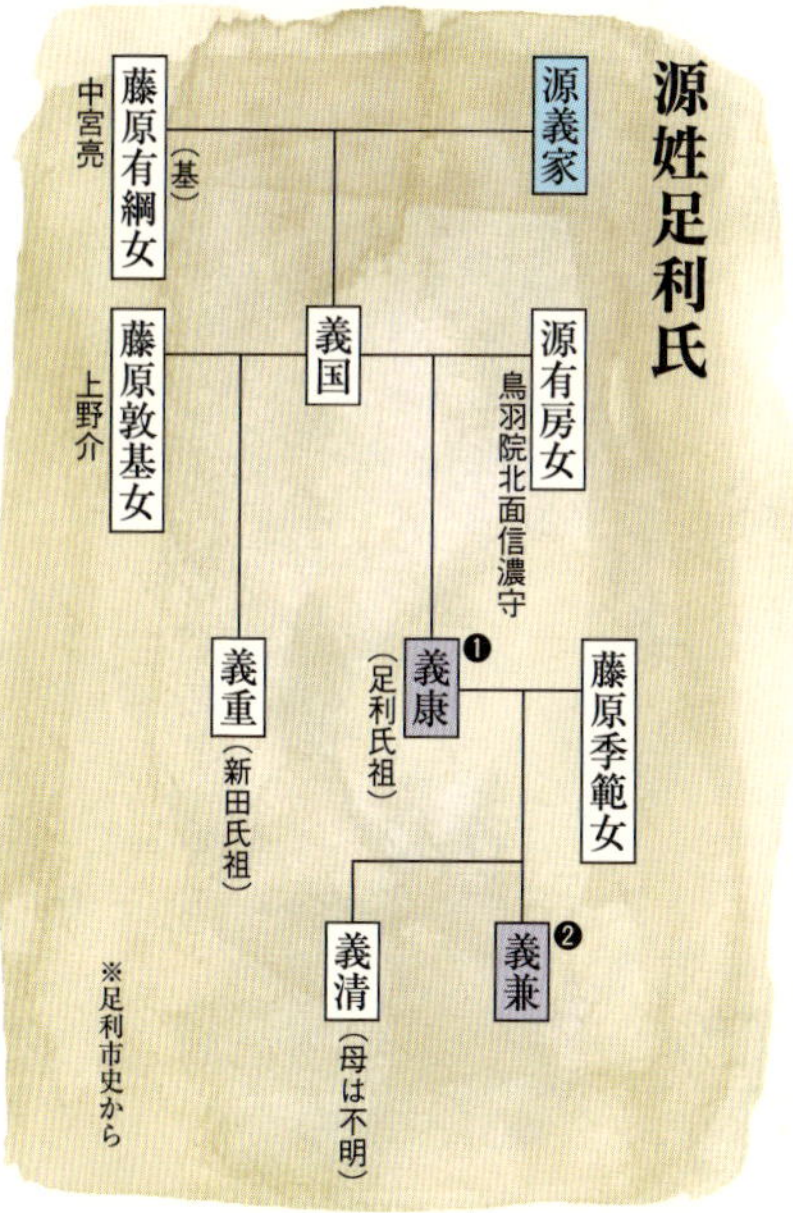

＊**足利義国（源義国）**
（1091−1155）
源義家の子。河内源氏の武将で新田・足利両氏の祖。下野国の足利荘に住み苗字を足利とした。

『近代足利市史』によると、義国は下野守を務めた父義家から譲られていた足利郡の私領を鳥羽院に寄進し、これによって「＊足利荘《あしかがのしょう》」の所有を認められた。足利氏は梁田御厨についても伊勢神宮に寄進して地盤を築いている。

ところが義国は宮中参内の事件がもとで天皇からとがめを受け、足利の私領に引きこもってしまう。

国内初期の系図集である『尊卑分脈』には、次のような趣旨の短い注記がある。

「義国が宮中に上がる途中、偶然に右大将

八幡太郎源義家が戦勝を祈願して建てたと伝わる下野国一社八幡宮＝足利市八幡町

＊足利荘
下野国足利郡（現栃木県足利市一帯）の荘園。1142年源義国が私領を鳥羽上皇の御願寺・山城安楽寿院に寄進して立荘。荘官職は足利氏が相伝した。

の行列に出合い、義国の従者が乱暴な行為を働いたとして、義国自身が馬から落とされてしまった。これに怒った義国の郎従が右大将邸に押しかけて邸を焼き払ってしまった」というのである。『尊卑分脈』はこの後、「下野国足利に籠居す」と続けている。義国はこの事件の後、熊野に参詣し、東山道の要衝にある足利にやって来たとみられる。

どこを拠点としたのだろうか。「発祥の地」にいくつか説がある。

昭和初期発刊の『旧足利市史』は「八幡宮の付近一帯に拠点を置いたと想像できる」と説明し、栃木県文化財調査委員などを務めた前澤《まえざわ》輝政《てるまさ》さんは、著書の中で「八幡宮の西北に残る『源氏屋敷』の字名は足利別業の館の名残であろう」と指摘している。

『近代足利市史』は「渡良瀬川北部の五閑《ごか》が義国の開発地とみられ、そこに館が設けられ、やがて鑁阿寺になったのではないか」という説も紹介している。

●足利氏

1142	源義国、足利の私領を鳥羽院に寄進。足利荘公認
1150	義国、勅勘こうむる。下野国足利へ
1155	義国没する
1156	足利初代義康、保元の乱で後白河天皇方に属す
1157	義康没する
1180	足利2代義兼、源頼朝に参陣
1184	義兼、平家追討軍に入る
1189	義兼、奥州合戦の頼朝軍に従軍

いずれにしても義国は足利の地で出家し、間もなく亡くなった。そして義国の長男義重《よししげ》が上野国新田荘を開発して新田氏になり、次男義康《よしやす》は足利荘を譲られて足利氏の初代になっている。

足利義康は、皇位継承など朝廷内の内紛から起こった*保元《ほうげん》の乱では後白河《ごしらかわ》天皇《てんのう》方として加わり、勝者となるも間もなく病没。

代わって幼くして後を継いだ2代義《よし》兼《かね》は、後に源頼朝が「平氏打倒」の旗を掲げると、鎌倉の頼朝の下にいち早くはせ参じた。

この義兼に対し、頼朝はこの後、妻北条政子の妹時子をめとるよう勧めて

＊保元の乱

1156年、崇徳上皇と後白河天皇との皇位継承争いと摂関家の勢力争いが結びつき、崇徳上皇側は源為義・平忠正を、後白河天皇側は源義朝・平清盛の武士団を招いて戦った。上皇側が敗れ、上皇は讃岐に流された。

後三年合戦絵詞（模本、栃木県立博物館蔵）。奥羽清原氏の城を攻める源義家の軍

いる。

自ら進んで義兼と義兄弟になろうとしたのである。なぜだろう。

保元の乱で後白河天皇に付いたのは源義朝《よしとも》、足利義康《よしやす》、平清盛《たいらのきよもり》の3人だった。

国立歴史民俗博物館准教授の田中《たなか》大喜《ひろき》さんは「義朝も義康も同じ義家《よしいえ》流清和源氏の子孫であり、両者とも後白河天皇方の主力を担うほどの軍事力を持つ存在でした。義朝の子頼朝にとって、義康の子義兼は、源氏の嫡流の座を脅かす警戒すべき存在だったと思う。だから早いところ手を組んで傘下に置き、ライバルにならないよう芽を摘んでいったのです」とみている。

鑁阿寺（上）

足利の安泰 本堂に託す

足利市の中心市街地にある真言宗の古刹《こさつ》鑁阿寺《ばんなじ》＊は、市民から「大日さま」と親しまれている。

鑁阿寺住職の山越《やまこし》忍隆《にんりゅう》さんは、「『バン』『ア（ナ）』という寺名はインドのサンスクリット語で本尊の大日如来を意味しているので、大日さまとも呼ばれているのです」と説明する。

敷地面積約4万平方メートル。四方に門があり、周囲に土塁と堀をめぐらした寺域は、「武家の館」の雰囲気を今に伝えている。鑁阿寺の先々代住職山越忍済《にんさい》さんの著書によると、足利2代義兼《よしかね》は、この邸内に伊豆走湯山の理真《りしん》上人朗安《ろうあん》を招き、男子の出生を祈願させた。忍済さんは「その法力が現れて（足利3代）義氏《よしうじ》の誕生をみた」

＊**鑁阿寺**
足利市市街地の中心にある真言宗の古刹。源姓足利氏2代義兼が居館の一角に持仏堂を建てたことが始まりと伝えられ、境内は足利氏館跡として国の史跡になっている。本堂は2013年、国宝に指定された。周囲には現在も堀と土塁が残されている。

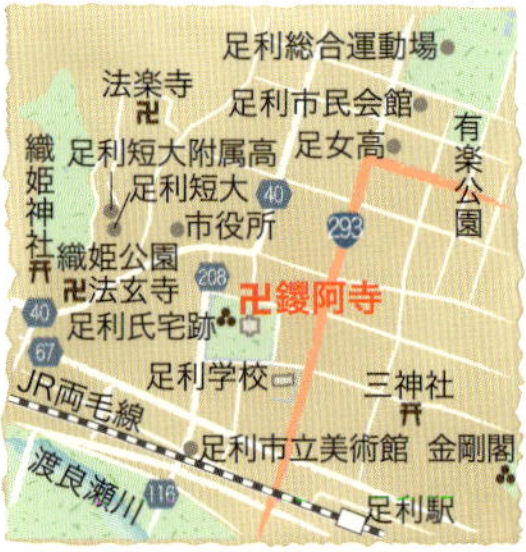

国宝になった鑁阿寺本堂＝足利市家富町

と記している。

この時、義兼が居館の傍らに設けたのが持仏堂とされる。栃木県立博物館の元技幹で日光観音寺住職の千田《ちだ》孝明《こうみょう》さんは「堀内御堂と呼ばれた持仏堂には守り本尊である大日如来像が安置され、この持仏堂が、後に氏寺・鑁阿寺へと発展していくのです」と解説する。

その鑁阿寺本堂が2013年夏、国宝に指

足利市家富町2220
【交通】北関東道足利ICから車で約10分。JR両毛線足利駅から徒歩12分。東武伊勢崎線足利市駅から徒歩約15分定された。県内では17件目。なぜ国宝になったのか。

　直後に行われた足利市内の指定記念シンポジウムで講演した東京芸大大学院教授（当時）の上《うえ》野《の》勝《かつ》久《ひさ》さんは「中国から伝わった『禅宗様』を最も早く取り入れた、東日本で最も古い中世仏堂だと分かったためだ」と説明した。

　使われている建築部材の年代は、放射性炭素調査で1299年と判明。上野さんは「鎌倉を含め関

東一円で13世紀にさかのぼる禅宗様の仏堂は残っておらず、このことは全国的にみても同じ。鑁阿寺本堂が禅宗様という様式であることは、極めて重要な意義を有している」と指摘した。

堀内御堂を発展させて寺とすることを思い立ったのは3代義氏とされる。鑁阿寺文書によれば、義氏の大御堂は1234年に建立が始まるが半世紀後、落雷に遭って焼失してしまう。

●鑁阿寺本堂

1188	足利2代義兼、伊豆走湯山から理真を招き護持僧に
1199	義兼没する
1234	3代義氏、鑁阿寺に大御堂の建立を始める
1254	義氏没する
1287	鑁阿寺大御堂が落雷に遭い炎上
1292	7代貞氏、鑁阿寺大御堂の修復造営に向け作業を始める
1299	鑁阿寺本堂、貞氏によって上棟が行われる
1432	四半世紀前からの鑁阿寺本堂の大修造が終わる

禅宗様の鑁阿寺本堂が建ったのは、それから数年後、7代貞氏の時代だった。

鑁阿寺本堂はその140年後の室町時代に大修造が行われている。足利市の考古学研究者足《あ》立《だち》佳《か》代《よ》さんによると、室町中期に完成した禅宗様の技法を用いて修復し、入り母屋造りの屋根には3、4キロ以上の重い瓦を3万2千枚も載せている。

屋根関係の構造を完成された室町中期の技法で再建し、屋根の下は鎌倉後期の技法をそのまま残

義兼の建立と伝わる不動堂

している。現存する本堂は、この時に再建された大御堂だ。

鑁阿寺世話人の市橋一郎《いちはしいちろう》さんは「鎌倉時代に流行した技法と室町

中期に完成された技法がうまくマッチし、かつ特徴として現れているのが鑁阿寺本堂であり、建物としてレアなケースなので国宝になった」と解説する。

足利氏はどうして13世紀に、鎌倉を代表する建築様式を取り入れることができたのか。足利市教委の板橋《いたばし》稔《みのる》さんは「足利氏自身が有力な鎌倉御家人であり、鎌倉で技術者などとの結びつきを深めていたから可能だったのでしょう」とみる。

鑁阿寺本堂の再建は、足利氏にとっても大きな負担だったろうが、どんな思いで取り組んだのだろう。上野さんは「先祖の供養を本堂に託して力を示すとともに、足利氏が統治している限りこの足利荘は安泰だと、安心して暮らしてもらおうという意味合いもあったのでしょう」と話す。

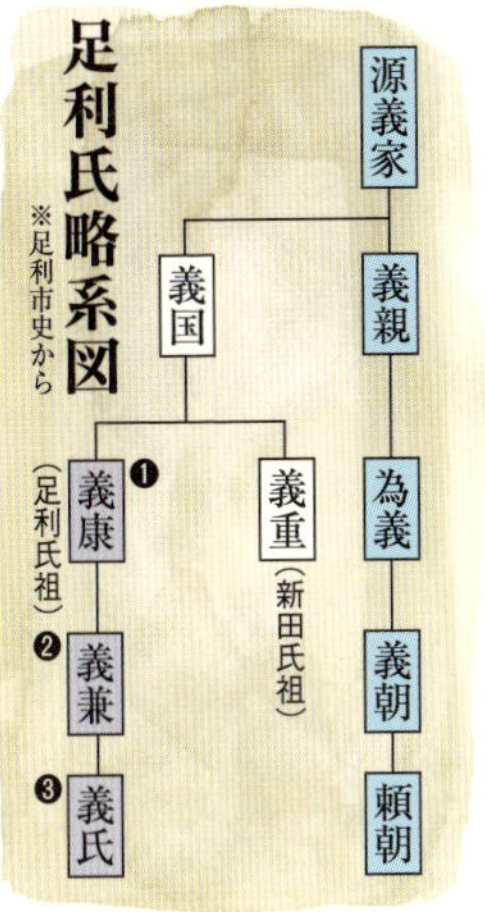

僧形の足利義兼画像（鑁阿寺蔵）。右手に団扇、左手に数珠を持つ

鑁阿寺（下）
ゆかりの宝 戦火から守る

室町幕府の初代将軍足利尊氏は1358年、京都で波瀾万丈《はらんばんじょう》だった54年の生涯を閉じた。等持院に墓があり、母上杉清子《うえすぎきよこ》が眠る綾部の安国寺に分骨され、鎌倉の長寿寺にも遺髪が納められた。そして「百か日法要」は、足利の鑁阿寺でも盛大に執り行われている。

鑁阿寺の記録によると、法要は仏教の『＊曼荼《まんだ》羅《ら》供《く》』で行われた。東京芸大大学院前教授の上《うえ》

＊曼荼羅供　密教である真言宗の最高の法会の一つ。金剛・胎蔵の両界曼荼羅を掲げて、その諸尊を供養するもの。

足利尊氏と義満寄進の青磁浮牡丹香炉と花瓶2点（鑁阿寺蔵）。国重文

野《の》勝《かつ》久《ひさ》さんは「仏教で最も華やかな法要であり、ここからもいかに足利荘が重視されていたかが分かる」と指摘する。

尊氏と3代義満は、その鑁阿寺に青磁の浮牡《うきぼ》丹香炉《たんこうろ》と花瓶2点をそれぞれ寄進。ともに中国浙江省の窯で焼

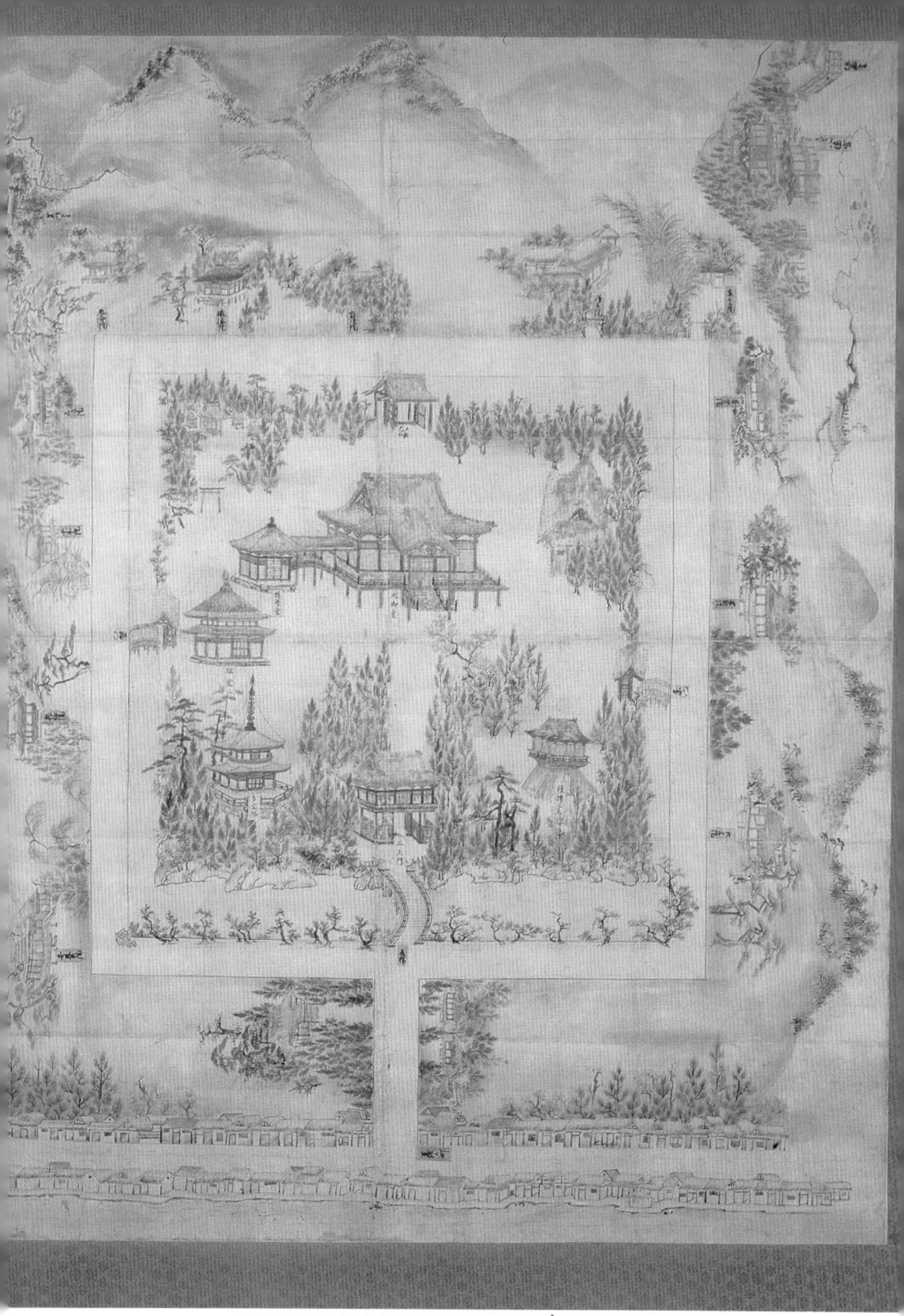

鎌倉末期を描いたという*「一山十二坊図」(鑁阿寺蔵)。境内に7堂、堀の外に12の支院があった

かれ、戦前に旧国宝となった逸品である。

一族にとって足利は「特別の地」だったのである。

尊氏らの思いがこもる宝物を守り抜いた労苦を、先々代住職の妻山越澄子《やまこしすみこ》さんが『太平洋戦争と鑁阿寺』という体験記にして、今に伝えている。

それによると、戦時中の1944年、当時の山越忍済《やまこしにんさい》住職らは本堂内の大日如来像、不動尊像、古文書、刀剣などの寺宝を大八車とリヤカーで5回に分けて、市内の寺社に”疎開“させた。

鑁阿寺は鎌倉時代から今に至るまで、街の中心にありながら落雷によって大御堂など、兵火で楼門が焼失しただけであり、残された什《じゅう》宝《ほう》などは1千点は超えるという。しかし澄子さんは「この時ばかりは本堂が焼失した時を考え、荷の重みに耐えながら坂道を上り下りした」と振り返った。

終えてホッとしているところに今度は、文部省から「東京は空襲が激しく危険なので、上野博物館への出品作を至急、取りに来るように」

＊一山十二坊図
鑁阿寺の伽藍を描いた貴重な古絵図。鑁阿寺と12の塔頭寺院、樺崎寺を描いている。樺崎八幡宮をめぐる木柵は一部が破損しており、やや荒れた状態になっている。栃木県立博物館の図録によると、16世紀以降の姿を描いたとみられている。

と連絡が入る。

この時に引き取りを指示されたのが、室町幕府将軍から贈られた青磁香炉と花瓶一対だった。住職たちは満員電車の中、国宝を「やっとの思いで持ち帰った」。そして鑁阿寺に戻ってから、役所や研究者に「どう戦火から守ったらいいのか」と相談を投げかけるが、音沙汰はなし。

結局、自分たちで寺の敷地にシャベルで深い穴を掘り〝疎開〟させることを決意する。寺宝に土をかけねばならないつらい作業だった。「風呂敷に包んだ国宝を木箱にそっと入れて布団綿を詰め、最後にまた大風呂敷に包んで8尺（約2・4メートル）ほどの穴に入れ、土を入れ、途中でトタンを重ねて再び土をかけた」

そして終戦を迎える。

半年後、市内の寺社から寺宝を引き取り、さらに半年後に進駐軍から英文で「宝物を並べ、破損の場合も陳列するように」と文書が届く。進駐軍は、保護すべき文化財のリストを作ろうとしたのだろう。

しかしこれによって住職たちは、土中の旧国宝を、今度は手作業で掘り出すというつらい作業を始めねばならなかった。深い穴の中から慎重に木箱を取り出し、風呂敷や綿を順々にはがしてポンプの水で洗うと、旧国宝は元の姿に。澄子さんはその時の感激を「住職、祖母、私の喜びは筆舌に尽くせない」「この鑁阿寺の国宝、什宝を守り抜いたのは、住職一家なのだ」と書いた。

足利商工会議所の専務理事だった中島《なかじま》粂雄《くめお》さんは、著書の中でこ

紙本著色・両界曼荼羅図（金剛界）

の体験記に触れ「文化財保護が今、声高に叫ばれているが、尋常でない本当の話の前では、付け焼き刃の議論などまたたく間に色あせてしまうだろう」と記した。

尊氏自身が「父祖の地」足利に来たことを示す文書は見つかっていない。

しかし栃木県立博物館の元技幹で日光観音寺住職の千田《ちだ》孝明《こうみょう》さんによると、尊氏は室町幕府を開いた後、氏寺の鑁阿寺に下野国中山村を寄進し、廟所《びょうしょ》である樺崎寺の別当僧正に「天下静謐《せいひつ》」の祈祷《きとう》を命じている。遠く鎌倉、京都と離れていても、父祖伝来の地とのゆかりを忘れてはいない。足利への思いは深かったと言っていい。

千田さんは「だからこそ尊氏は鑁阿寺を直接保護し、樺崎寺に重要な仕事をさせている。寺を守り伝えてきた方々は、その重みを感じてきたと思う。私たちもその思いを受け止めねばならないだろう」と話す。

木造 足利尊氏坐像（鑁阿寺蔵）

法玄寺

北条時子の悲話伝わる

鑁《ばん》阿《な》寺《じ》本堂の西に源姓足利氏2代義兼《よしかね》の居宅だったという不動堂があり、そこから北に歩くと、源頼朝《みなもとのよりとも》の妻北条政子《ほうじょうまさこ》の妹で義兼の妻だった時子《ときこ》を祀《まつ》る「蛭子《ひるこ》堂」がある。

時子は1181年、足利家に嫁いで、義兼との間に足利3代義氏《よしうじ》、熱田大宮司野田《のだ》朝氏《ともうじ》の室らを生んだ。

鑁阿寺の先々代住職山《やま》

鑁阿寺蛭子堂

＊**法玄寺**

1196年、足利義兼の長子・義純が、北条時子の菩提を弔うために創建。寺号は時子の戒名にちなみ「智願院法玄寺」と名付けられた。本堂の西側に五輪の塔があり、市重要文化財に指定されている。

北条時子の供養塔とされる法玄寺の五輪塔＝足利市巴町

越忍済《こしにんさい》さんの著書によると、時子は1196年に亡くなった。自害して果てた、という哀話も伝わる。おそらく30歳代の半ばだっただろう。「尼将軍」といわれた政子と比べてつつましいとされた時子になぜ、そんな悲話が残されているのか。

鑁阿寺に近い*法玄寺《ほうげんじ》に時子の供養塔が立っている。

足利市巴町2545
【交通】北関東道足利ICから車で約10分。JR両毛線足利駅・東武伊勢崎線足利市駅から徒歩約16分

畠山義純が義母時子の供養のため建立したという法玄寺＝足利市巴町

現住職の和田幸信《わだこうしん》さんによると、義兼の長男畠山義純《はたけやまよしずみ》が義母時子の供養のため寺を建立。昭和初期、住職の祖父が境内の無縁仏を整理していたところ、地下からこの供養塔が発見された。高さ2メートル余りの五輪塔で、鎌倉時代に造られたと推定されている。

寺には明治時代初期、役所から「鑁阿寺記録に義兼室智願寺殿（時子）を法玄寺に葬った、とあるがどうか」と問い合わせがあったという。和田さんは「その時にははっきりしなかったが、昭和初期に五輪塔が出てきて、やはり時子はここに葬られていたのだと確認できたのです」と説明する。

足利市教委が作成した「法玄寺五輪塔」の説明板には「時子が郊外の花見で野水を飲んだところ、日ごとにおなかが膨れ妊娠したようになった。そのため義兼から密通を疑われた時子は、潔白を示すため『死後、わが体を改めよ』と遺言し自害した」とある。

1195年、源頼朝が東大寺の供養のため上洛《じょうらく》した際、義兼も鎌倉御家人の筆頭として従っており、義兼が足利を留守にした後の出来事だという。説明板は「遺言に従って開腹すると、腹部から大量の蛭《ひる》が出てきて、花見の際に飲んだ水が原因だと分かった。義兼は大いに驚き、時子を手厚く葬った」と書き加えている。

この伝説を、新聞記者から市役所の広報担当に転身した*台一雄《うてなかずお》さんが著書の中で取り上げている。

そこには「留守を預かった客分の藤姓足利氏

●足利義兼と北条時子

1181	足利義兼、北条政子の妹時子をめとる
1185	壇ノ浦の戦いで平家滅亡に至る
1187	北条政子、病の時子を見舞う
1189	義兼、奥州合戦の源頼朝軍に従軍
	戦勝祈願のため理真上人を開山に樺崎寺を建立
1194	北条時子死去か(96年説もあり)
1195	源頼朝上洛、義兼も同行し東大寺で出家
1199	頼朝没する義兼没する(46歳)

＊台一雄
東京新聞記者、栃木新聞両毛支局長から足利市広報課職員に。著者に『足利の伝説』、『続足利の伝説』、『続々足利の伝説』、『足利歴史散歩』など。

忠綱《ただつな》に恋文を渡そうとした侍女が、恋心をはね付けられたことを恨み、半年ぶりで帰館した義兼に『忠綱が夫人と密通をした』とざん言した」などとある。そして「すべて侍女の作りごとと知った義兼はかんかんに怒り、侍女の体を縦裂きにする”牛裂き“の極刑に処した」と記されている。

台さんは「無実の罪で死に追いやれられた時子夫人の姉北条政子が黙っているとは考えられない。義兼は、その辺を見越して出家したのではないか」と推察している。

どこまでが事実なのか、それとも言い伝えにすぎないのか。

法玄寺の記録によると、時子の命日は「1194（建久5）年6月8日卒」とあり、この通りならば、時子は義兼の上洛前に亡くなっ

足利氏と北条氏

※法玄寺の資料に加筆

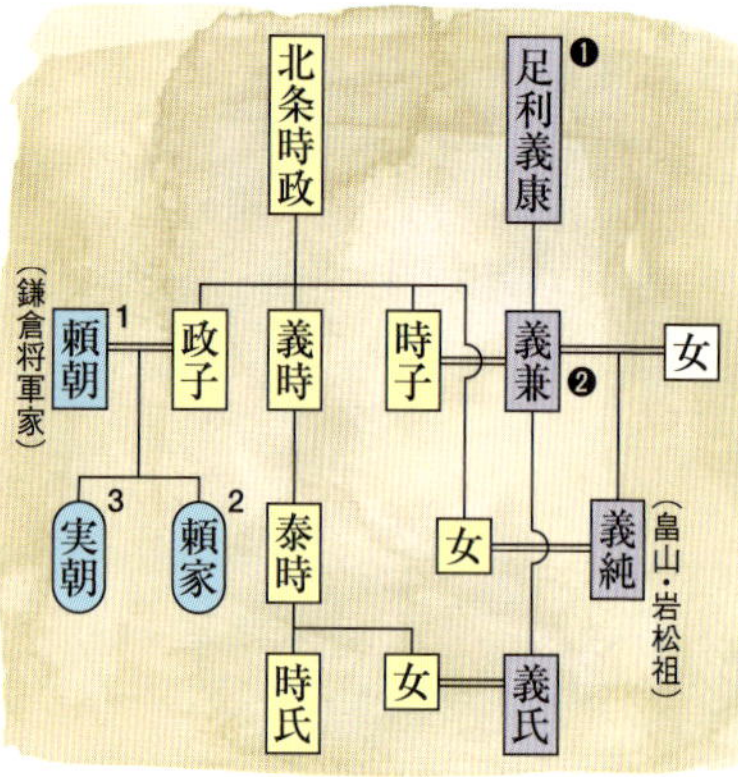

ていて、義兼が不在の時に野水を飲んでおなかが膨れたという説明に疑問が生じる。

『近代足利市史』によると、藤姓足利氏と源義国《よしくに》は、義国の足利土着を契機に知行権を巡って対立。「蛭子伝説」に登場する藤姓足利忠綱は平家方に属し、同盟していた勢力が1183年の野木宮合戦で敗れた後は、九州方面に逃走したとされる。源姓足利氏2代の義兼と戦い、義兼の追っ手に捕まって悲劇的な最期を遂げたという説もある。

鑁阿寺世話人の市橋一郎《いちはしいちろう》さんは「時子という女性がいてお祀りされているのは事実だが、それが『蛭子伝説』につながるかどうかは別。足利忠綱の足跡は、群馬県の桐生皆沢や佐野、粟野、飛駒などにあるが、そこで切れていて、史実として追いかけるのは難しい」と説明する。

時子の伝説がある鑁阿寺の井戸

樺崎寺跡（上）

頼朝を畏れ　義兼隠棲

足利氏の霊廟《れいびょう》「樺崎寺跡《かばさきでらあと》」*は氏寺の鑁阿寺《ばんなじ》から北東へ約5キロ、北関東自動車道の「足利インター」に近い山間部の山裾にある。

樺崎寺は明治初期の神仏分離政策によって、樺崎八幡宮《かばさきはちまんぐう》という神社だけを残して廃寺となった。

左手の浄土庭園を眺めながら鳥居をくぐり、三十数段の石の階段を上ると、樺崎八幡宮の社殿があり、本殿の床下には「足利（2代）義兼《よしかね》公御廟《ごびょう》」と書かれた木碑が立っている。元々ここには義兼ゆかりの赤御堂が建っていて朱で染められていたため、義兼は後世「赤御堂《あかみどう》」

初期の足利荘と梁田御厨
大澤伸啓さん著「樺崎寺跡」から

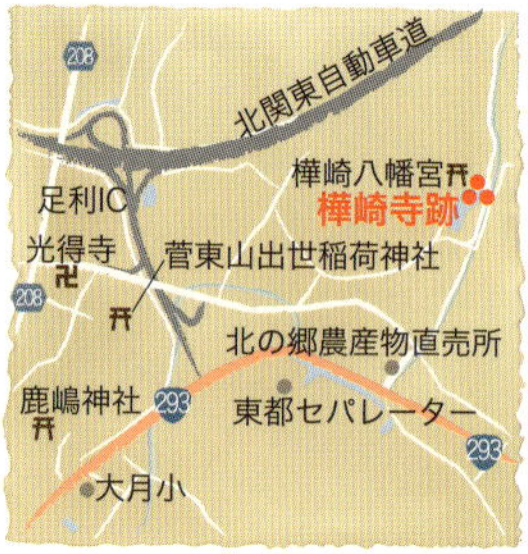

＊樺崎寺跡

足利氏の氏寺・廟所跡。浄土庭園を持つ中世寺院の遺跡。2代義兼は晩年、ここで念仏を唱えて過ごし、1199年にこの地で没した。鎌倉時代後期から南北朝時代にかけて最盛期を迎えるが、徐々に衰退し、江戸時代には末裔の喜連川氏によって八幡宮本殿が再建された。

明治の神仏分離令後に残った樺崎八幡宮。床下に義兼の木碑がある＝足利市樺崎町

殿《どの》」と呼ばれたという。

義兼は最晩年の1199年、氏寺鑁阿寺の鬼門に位置するこの樺崎の地に隠棲《いんせい》し、46歳の生涯を終えている。

氏寺の鑁阿寺と霊廟樺崎を、高野山《こうやさん》の本院と弘法大師空海《くうかい》の霊廟がある奥院の関係に見立てて、鑁阿寺から樺崎に通じる道に37本の卒塔婆を立てたとされる。栃木県立博物館の元技幹で日光観音寺住職の千田孝《ちだこう》明《みょう》さんは「隠棲後は、赤御堂で真言密教の供養法を日々修し、入定《にゅうじょう》＊という修行法よって入滅したとも伝わっている」と説明する。入定は、肉体が後に即身仏となって現れるという、真言密教の究極的な修行法とされる。

「私は死んで神となり、この寺（鑁阿寺）の守護となるが、片目は開き、片目は閉じる。片目を開いているのはこの寺の繁盛を見るため

しかし明治の神仏分離令で廃寺となり、現在は樺崎八幡宮として信仰を集めている。

栃木県足利市樺崎町1723

【交通】北関東道足利ICから車で3分。JR両毛線足利駅から車で15分。東武伊勢崎線足利市駅から車で18分

＊入定

真言密教の究極的な修行。精神を統一して煩悩を去り、無我の境地に入ること。または永遠の瞑想に入ること。国内最初の入定者は空海といわれる。

であり、片目を閉じるのは寺が寂れるのを見たくないからだ」

義兼はこんな血染めの遺書を残したとされる。「鑁阿寺樺崎縁起并《ならびに》仏事次第」によると、義兼はそこで一族に「この寺が繁盛するのは、とりもなおさずわが子孫が栄えることになる。どうかこの寺が栄えるよう、力を合わせてほしい」と求めている。

なぜ、このような血書を残して入滅した、と伝わるのだろうか。

義兼と源頼朝《みなもとのよりとも》はそれぞれの父親の時代は源氏の棟梁《とうりょう》として対等の地位を占めていた。加えて義兼の母は熱田大宮司範忠《のりただ》の娘で、源頼朝の母のめいでもあった。

『近代足利市史』は「こうした関係が義兼を自分の陣営に加え、頼朝の立場を有利にするものとして歓迎された」としている。そして頼朝は、義兼に妻北条政子《ほうじょうまさこ》の妹時子《ときこ》をめとらせ、義兼と義兄弟にもなっている。

系図集の『尊卑分脈』は1195年、頼朝が東大寺の落慶供養で上洛《じょうらく》した折に、義兼が頼朝に従って行列に加わったことを伝えている。

樺崎八幡宮の床下にある義兼の木柱

御家人筆頭格としての供奉だった。

　しかし義兼は、頼朝に最も近い近親者でありながらこの後、突然の出家を遂げ、足利に隠棲してしまう。

　明治大教授の清水克行《しみずかつゆき》さんは、この突然の出家について「義兼自身の信仰心とともに、高すぎる家格が災いして幕府内で微妙な立場に置かれてしまったことを回避するための高度な政治行動だった」とみている。

　背景には猜疑心《さいぎしん》の強い頼朝が、ある時期から近親者を次々と排除してきたことがある。

　『足利市史』によると頼朝は、上洛の年までに「陰謀を企てた」として弟範頼《のりより》、義経《よしつね》を討ち、幕府の創設に大きな役割を果たした甲斐《かい》源氏の武将父子をも抹殺している。

　頼朝の眼には、義兼も極めて危険な存在に映ったのは間違いない。清水さんは「血統をみれば、

●足利義兼と樺崎寺

1180	源頼朝、伊豆で挙兵
1181	足利義兼、北条時子を妻に迎える
1184	義兼、平家との合戦に出陣
1188	義兼、伊豆走湯山から理真上人招く
1189	義兼、頼朝の奥州征討軍に加わる 樺崎寺に樺崎郷を寄進。理真上人を住持に
1195	義兼、頼朝の上洛に同行し東大寺で出家
1199	源頼朝死去 義兼、樺崎寺で入滅

足利家の歴代の墓

義兼が征夷大将軍になってもおかしくはない。『次は自分かも知れない』と不安を抱き始めたことは十分あり得る話だ」と推察している。

　室町時代の歴史書『*難太平記』の中で今川了俊《いまがわりょうしゅん》は「義兼は、頼朝の側近となったが、世にはばかって狂人のふりをされてその代は無事に過ごされた」と伝えてい

る。

　義兼はこうして出家から4年後に樺崎で亡くなった。義兼を恐怖させた頼朝は、その2カ月前に没している。

　義兼の死が、実際に「入定」という手段だったかどうかは分からない。しかし浄土庭園のある樺崎寺跡を歩いてみて思うことは、足利氏の栄華と、その出発点に立った義兼という人物の子孫繁栄に対する執念の強さである。

　近親者を次々と除いていった頼朝の源氏は3代しか続かず、義兼の後裔《こうえい》が後に室町幕府を創建していくのは、「歴史のいたずら」なのだろうか。

空から見た史跡樺崎寺跡。足利氏に関係する大寺院だった＝足利市樺崎町

＊難太平記
　足利氏の一族である今川了俊の著で、『太平記』の誤りを訂正・補足し、尊氏挙兵以来の今川氏の功績などを記している。『太平記』に誤った記述が多いとして、『難太平記』の書名になった。

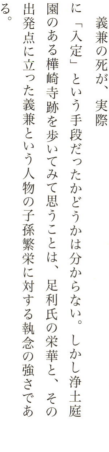

樺崎寺跡（中）

奥州の浄土庭園を再現

足利市の北東にある「樺崎寺跡」は2001（平成13）年、国史跡に指定された。

四半世紀に及ぶ発掘調査で、西側の八幡山を背にした中世寺院跡だったことが確認されている。山麓の東西200メートル、南北300メートルほどの範囲に「赤御堂」など数棟の建物があり、東側に東西約70メートル、

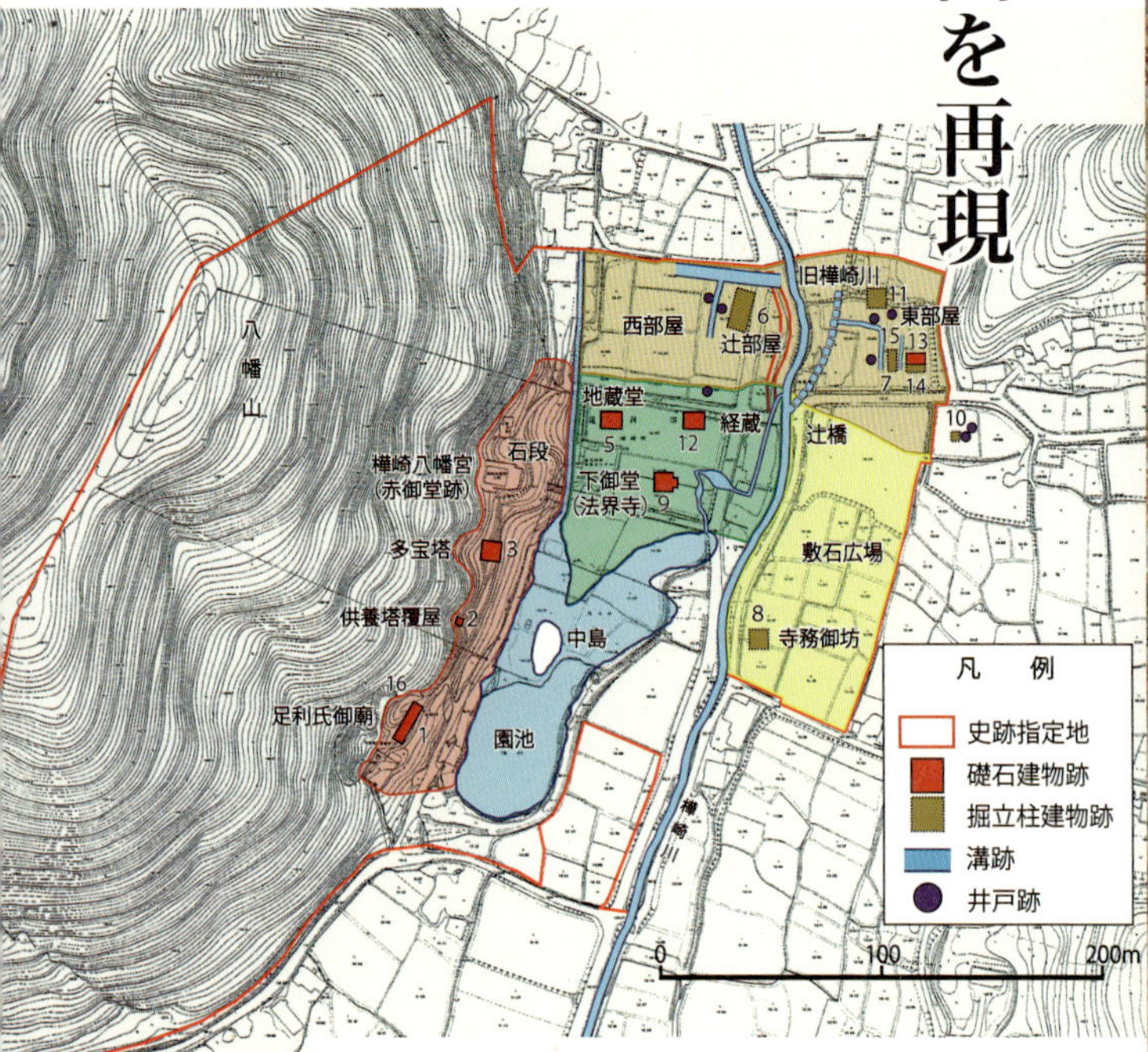

樺崎寺跡主要遺構配置図（足利市教委作成）

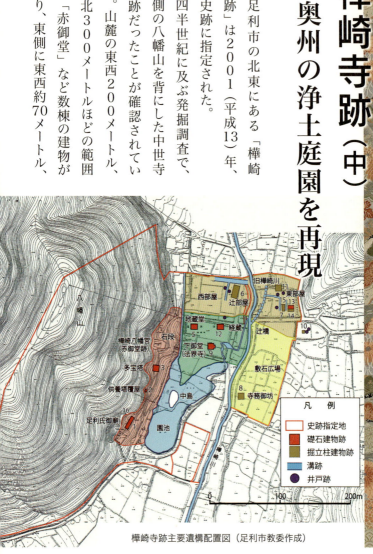

南北約160メートルの広大な浄土庭園があったことが分かっている。

　創建は1189年の奥州合戦にさかのぼる。鑁阿寺《ばんなじ》文書によれば、源頼朝《みなもとのよりとも》の奥州合戦に従った足利2代義兼《よしかね》が、伊豆走湯山《いずそうとうさん》から真言宗の僧*理真《りしん》を招いて、樺崎寺の開山とした。

　樺崎寺跡の調査を長く担当した足利市教委の大澤伸啓《おおさわのぶひろ》さんは「理真に奥州合戦の戦勝を祈願させ、樺崎寺に近い大窪に住まわせて足利家の護持僧としたのです」と経緯を話す。

　その樺崎寺になぜ、浄土庭園があるのだろう。

　奥州合戦から戻った頼朝は、『*吾妻鏡』によると、弟義経《よしつね》や攻め滅ぼした藤原氏らの怨霊を鎮めるため鎌倉に永福寺《ようふくじ》を建て、浄土庭園を併設している。

　頼朝はこの庭園づくりに大変熱心で、庭づくりの心得がある僧に庭石の配置を相談したという。

　同じように足利義兼《よしかね》が樺崎寺に、宇都宮《うつのみや》氏3代朝綱《ともつな》も益子の上大羽にある寺院にそれぞれ浄土庭園を整えた。大澤さんは、その背景を「頼

＊理真（?—?）
伊豆国湯之山（走湯山）の真言宗僧。義兼には後継ぎの男子がいなかったので、理真を招いて変成男子法を行わせたところ、男子が誕生した。嫡子義氏である。

＊吾妻鏡
『東鑑』とも書き、全52巻。1180年—1266年の鎌倉幕府前半の事蹟を記した。北条本は、後北条氏伝来といわれ、江戸時代の版本のもととなっている。

朝や義兼らは、藤原氏が造った平泉中尊寺などの仏教文化の素晴らしさに心を打たれ、自らの廟所《びょうしょ》などにもその文化を持ち込もうとした。義兼の樺崎寺は池を造る地形にも恵まれていた」と説明する。

義兼らが心を打たれた「浄土庭園」については2008(平成20)年、足利市で開かれた「史跡樺

崎寺跡シンポジウム」で、複数の研究者が見解を述べている。

それによると末法思想が広がった平安時代後期、上級貴族は戦乱や災害が相次いでいた中で現世を厭《いと》い、ひたすら阿弥陀仏にすがって来世での幸福を求めようとした。そのための「仏の浄土を飾る仏堂の前に置かれた園池」が、現代に入って「浄土庭園」と呼ばれている。庭園の定義をめぐっては、学会でなお、議論が継続されているという。

京都造形芸術大教授の仲《なか》隆裕《たかひろ》さんは「奥州藤原氏の毛越寺《もうつうじ》は、京都の法勝寺《ほっしょうじ》をモデルとした大伽藍《がらん》で、金堂の南に広がる園池、蛇行して池に注ぐやり水は寝殿造り庭園の典型的手法を踏襲している」と解説している。頼朝や義兼、宇都宮朝綱らが見て感動したのは、その藤原氏によって浄土庭園が計画配置された仏教文化都市だったのだろう。

史跡「樺崎寺跡」に復元された浄土庭園＝足利市樺崎町

ところで真言密教に基づく大日如来信仰だった足利義兼が、どうして信仰とは別の浄土の庭園を樺崎寺に造ったのだろう。

栃木県立博物館の元技幹で日光観音寺住職の千田孝明《ちだこうみょう》さんは「義兼の廟所『赤御堂』は、密教浄土信仰に基づく御堂だったと思われる。義兼は『密厳浄土』の庭園、つまり大日如来のいる浄土庭園を構えようとしたのではないか。真言密教を信じながらも、藤原氏の文化から受けた刺激と憧れが大きかったということだろう」と説明し、大澤さんは「当時は真言宗中興の祖である覚鑁《かくばん》の影響が強く、その覚鑁が説く『大日如来と阿弥陀如来は同一』とした思想を義兼も信じていた」とみている。

足利氏の浄土庭園は義兼だけではなく3代義氏《よしうじ》、4代泰氏《やすうじ》、5代頼氏《よりうじ》も引退後、それぞれが発祥の地・足利の自らの寺院に併設したようだ。江戸時代末の南画家田崎草雲《たさきそううん》*は、3代義氏が創建した法楽寺の「正義山之図」を残しており、この中で風情のある大きな阿弥陀ケ池を描いている。

***田崎草雲**
（1815―1898）
幕末・明治の日本画家。幕末には足利藩士として尊王運動に奔走するが、明治維新後は画業に専念し、「蓬莱仙宮図」など格調ある独自の画風を確立、さらに指導的な役割を果たした。

5代頼氏までが浄土庭園を持ったことについて、都立大名誉教授の峰岸《みねぎし》純夫《すみお》さんは「浄土庭園は樹木と豊かな水の自然に夕日を照らすように設計されており、歴代の足利氏もこのような雰囲気の中で人生を終えたいと憧れたのではないか」と語る。

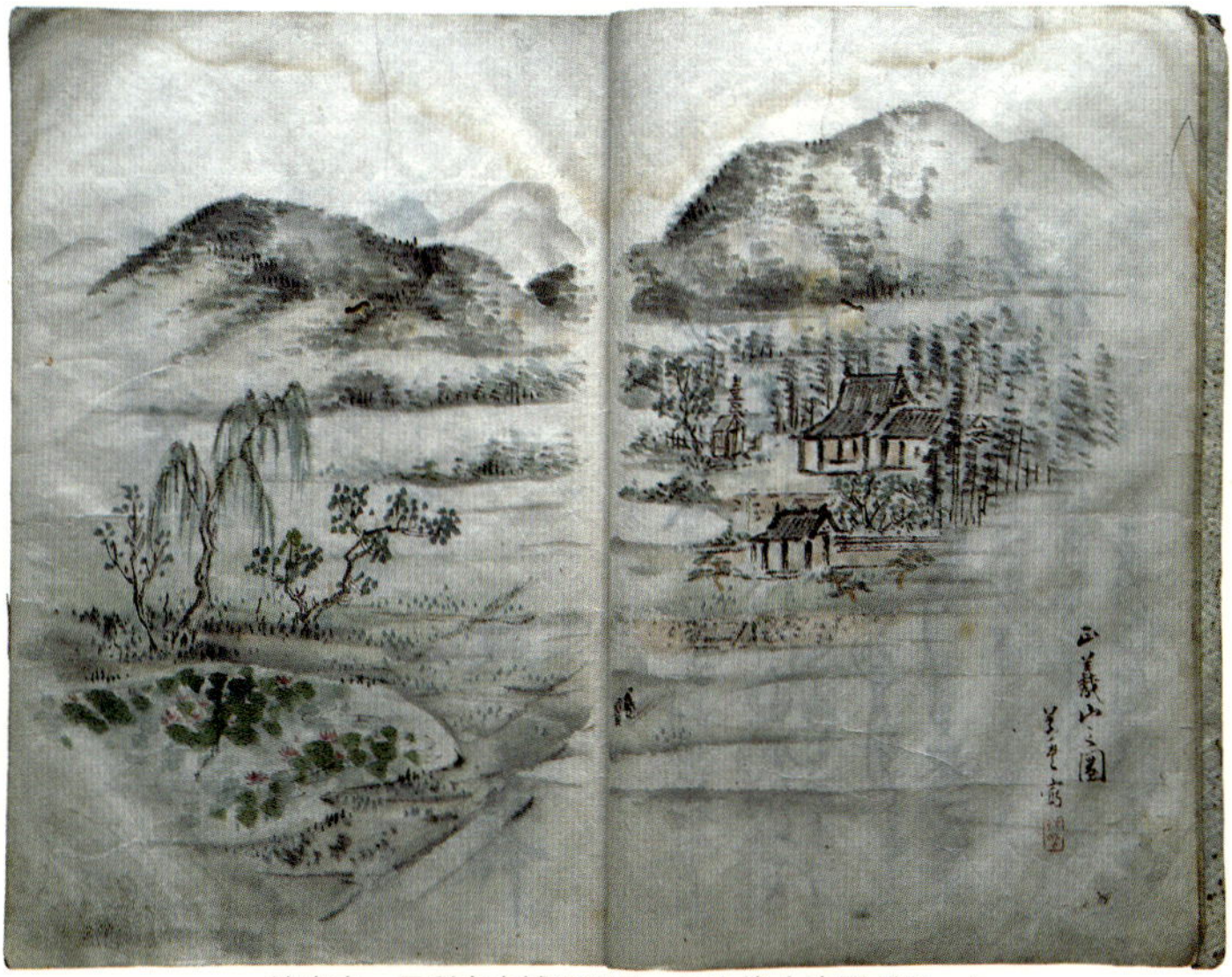

法楽寺＝足利市本城３丁目＝にも浄土庭園があった。
同寺蔵の田崎草雲画「正義山之図」から

樺崎寺跡（下）

義兼が慈しんだ運慶二像

足利の樺崎八幡宮には美しい二体の大日如来坐像《ざぞう》があったとされる。しかし明治維新の神仏分離令で、厨子《ずし》入りの小さな坐像は近くの光得寺*に移され、大きな坐像は２００４（平成16）年に個人蔵として突然世に出て、２００８（平成20）年にニューヨークで競りにかけられた。

このニュースに地元足利市、栃木県は大騒ぎになる。鎌倉武士の仏教文化に影響を与えた平泉をはじめ、全国の歴史研究者の間に「運《うん》慶《けい》仏の国外流出を何とか防ぐべきだ」との声が瞬く間に広がって署名運動が展開され、各紙が取り上げた。

文星芸大准教授大澤慶子《おおさわけいこ》さんは当時、下野新聞に「足利ゆかりの運慶作品流出という危機に、わずか10日ほどで1万3千人分の署名

＊光得寺　鎌倉時代、源姓足利氏3代義氏を開基として創建した。光得寺五輪塔は足利氏2代義兼が入定したと伝わる樺崎寺境内に、歴代、ならびに重臣の供養塔として祀られていた。しかし明治維新の神仏分離令に伴い、縁のある光得寺に移設された。

が集まった。『ネット社会』ということを、まざまざと実感させられた出来事だった」と寄稿した。

こうした署名活動もあって、行方不明だった大日如来坐像は日本の三越が落札し、国宝級の文化財の海外流出は、寸前で回避された。落札額は1280万ドル（約12億5千万円）に及んだ。

この時の下野新聞は「最終的に三越側と、電話取引の米国個人収集家の一騎打ちとなり、三越側が日本の美術品としてだけでなく、仏教美術としても過去最高の額で落札した」と報じている。

高さ60センチ余りの大日如来坐像は三越を代理人に立てた宗教法人真如苑《しんにょえん》の所蔵となり、足利市の光得寺蔵の坐像とともに東京国立博物館に寄託され、その後も国内にとどまっている。

その二体の大日如来坐像が2012（平成24）年、栃木県立博物館の「足利尊氏 その生涯とゆかりの名宝」展で栃木県に里帰りし、久方ぶりの対面を果たした。筆者もこの気品の漂う坐像を眺めて、ため息をついた1人である。

足利市菅田町892
【交通】北関東道足利ICから車で1分。JR両毛線足利駅・東武伊勢崎線足利市駅から車で15分この二体のうち、高さ32センチほどの光得寺像の作者が鎌倉時代の仏師運慶*ではないかと注目されたのは１９８６（昭和61）年のことだった。まだ女子大生だった大澤さんが、光得寺像の写真を持って、東

東京・真如苑真澄寺（しんちょうじ）蔵の大日如来坐像。国重文

京国立博物館の研究員山本勉《やまもとつとむ》さん（現清泉女子大教授）のもとを訪れたことがきっかけだった。

この時のことを大澤さんは「胸を張り背筋の伸びた側面の姿勢が、快慶ら他の鎌倉時代慶派仏師のどの作例よりも、１９９３（平成５）年に国宝に指定された運慶作の奈良・円成寺大日如来坐像に近いことに驚いた」と説明する。

一方の山本さんも、２０１２（平成24）年の特別展講演で「あまりの出来栄えの素晴らしさに、すぐに運慶の作品ではないかと推測できた」と話した。山本さんは東京芸大の恩師らとともにエックス線撮影を行うなど調査を進め、作風の検討や史料の分析などから、足利義兼《よしかね》が造らせた運慶作の仏像と結論づけ、２年後に論文を発表した。光得寺像はその年に国の重要文化財になっている。

山本さんは講演で「光得寺像は小さいが、スケールは大変大きい。堂々とした気品があり、背筋をピーンと伸ばしている。あごがグッと張って力強く、涼やかな顔立ちで、立体感がある」と熱く語った。

＊運慶（？—１２２３）
平安後期から鎌倉初期の仏師。父康慶とともに荒廃した奈良諸大寺の復興、造仏につくす。慶派の中心的仏師として活躍。豪放な力強さと写実的な新しい作風の運慶様式（鎌倉新様式）を築いた。円成寺大日如来像、快慶との共作の東大寺南大門仁王像などがある。

像内のエックス線画像には、宙に浮かぶように針金で巻いた人間の歯のようなものが写っており、後から刺し込んだ印象があるという。山本さんは「像ができあがった後に、亡くなった義兼の歯を納入したのではないか」と推測している。

鑁阿寺《ばんなじ》樺崎縁起幷《ならびに》仏事次第によると、樺崎寺の下御堂に足利氏2代義兼が夭折《ようせつ》した子供の菩提《ぼだい》を弔うために造った大日如来像があったとされる。山本さんは「運慶は当時、足利義兼と同様の鎌倉幕府の重鎮北条時政《ほうじょうときまさ》*、和田義盛《わだよしもり》*らの仏像を造っていて、真如苑像は樺崎寺の下御堂にあった像で、作者は運慶と考えられる」とみている。

一連の海外流出騒ぎで仏師運慶の名と芸術的評価は一段と高まり、二体の坐像は一挙に注目度を増した。そのきっかけは光得寺像の発見にあっただろう。

山本さんは「30年前に一人の女子大生の気付いたことが、こんな大きな運慶と栃木県との出会いをつくってくれた」と話し、山本さんに光得寺像の写真を照会した大澤さんは「仏像は造った人の魂がこめ

***北条時政**（1138—1215）
源頼朝の妻政子の父。頼朝の挙兵を助けて鎌倉幕府幕府創設に貢献。頼朝の死後、2代将軍頼家を廃し実朝を擁立、鎌倉幕府初代執権となる。

***和田義盛**（1147—1213）
源頼朝の挙兵に応じ軍功を重ね、鎌倉幕府初代侍所別当となる。北条時政の子義時の策謀により挙兵したが、由比ヶ浜（和田合戦）で敗死。

られていて祈りの対象になっているが、人間のドラマも詰まっている。足利だけでなく栃木県、日本の中世史を語る一級資料の発見のお手伝いができたのは、光栄なことでした」と振り返る。

光得寺蔵の大日如来坐像。国重文

法楽寺

義氏、北条氏に密着し繁栄

足利氏3代義氏《よしうじ》が晩年に隠棲《いんせい》した足利の＊法楽寺《ほうらくじ》は、鑁阿寺《ばんなじ》の北西に連なる両崖山の一つ、鏡山の麓にある。

地元の歴史研究者菊地《きくち》卓《たかし》さんの案内で山門から西へ向かうと、そこには京都の銀閣寺を模したという本堂が立ち、その左手に義氏の墓所があった。寺は江戸時代に2度火災に遭っており、義氏が創建した当時の建物ではない。義氏が造営したと

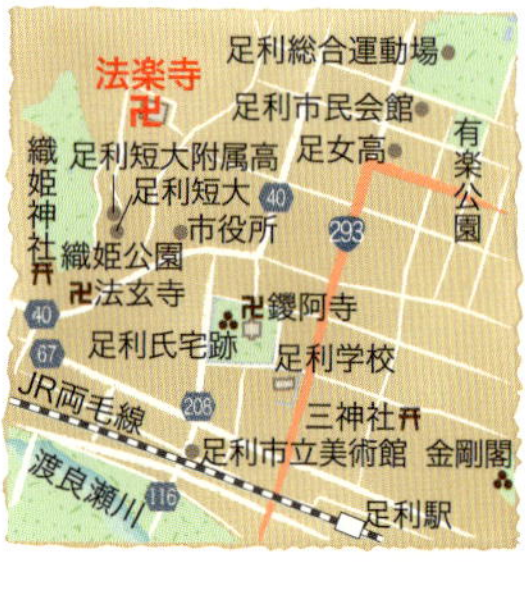

＊法楽寺

曹洞宗。1249年足利義氏の創建。義氏の墓所でもある。本堂は、足利氏15代目義政の建てた銀閣寺を模している。

足利市本城町3—2067

【交通】北関東道足利ICから車で約15分。JR両毛線足利駅・東武伊勢崎線足利市駅から車で約12分

いう浄土庭園の「阿弥陀ケ池」跡の名残が門の外に見える。

父の義兼《よしかね》は「身の丈2メートルを超える古今無双の猛将」などと伝わるが、義氏もまた偉丈夫だったらしい。住職の川島洋雄《かわしまひろお》さんは「文武に優れた人物で、引退して鎌倉から足利に戻り、『阿弥陀ケ池の水が切れない伏流水のある地に』と、ここを選んだようです」と説明する。

父義兼が樺崎寺で入滅したのは1199年で、嫡子の義氏はまだ11歳だった。

『近代足利市史』によると、源頼朝《みなもとのよりとも》がほぼ同じ時期に世を去って頼《より》家《いえ》が2代将軍に就くと、北条時政《ほうじょうときまさ》・義時《よしとき》*親子は頼家の母政子《まさこ》とはかって頼家を押さえ、北条氏主導の幕政運営を始める。これによって幕政内部の対立が激化し、頼朝以来の功臣が滅ぼされ、頼家も伊豆の修禅寺に幽閉された後に殺害された。

●足利義氏

1213	足利3代義氏、和田合戦に参陣
1219	鎌倉3代将軍実朝暗殺される
1221	義氏、承久の乱で東海道大将軍に
1224	義氏、三河国守護、額田郡地頭職に
1234	鑁阿寺に大日如来大殿を建立
1241	義氏出家
1248	義氏、結城朝光と相論
1249	足利に法楽寺を建立
1254	義氏没する

＊北条義時（1163―1224）

北条時政の子。2代執権となり、和田義盛を討ち侍所別当を兼ねる。3代将軍源実朝が暗殺された後、姉政子とともに幕政を支えた。1221年の承久の乱で討幕軍を破り、後鳥羽上皇を配流。

足利氏はこんな新権力者の北条氏と向き合わねばならなかった。

鎌倉将軍が3代実朝《さねとも》の時代になると、実朝と足利義兼の娘との間に縁談が浮上するが、実朝はこれを断って公家の娘を夫人に迎え入れている。この出来事は、実朝の京文化に対する強い憧れを示す逸話として紹介されることが多い。

しかし近代市史は、実朝との破談について「足利氏が将軍と結んで権勢を伸ばし、北条氏を脅かす存在にならないかと恐れた北条氏の意志が強く働いている」という研究者の見解を紹介していて興味深い。

北条氏は幕府創業の功臣とされた畠山重忠《はたけやましげただ》*、御家人に隠然たる勢力を持っていた和田義盛《わだよしもり》らを次々と排除する。足利氏は北条政子の妹時子《ときこ》を母に持ち、北条氏に最も近い三男の義氏が当主となり、それぞれの合戦で北条方に付いている。義氏は北条氏の恐れを打ち消すように、徹底して北条氏にくみしていった。

和田合戦で、幕府の政所を守り切った義氏のエピソードが『吾妻鏡』に記されている。それによると、一騎当千の勇猛をうたわれた和田方

＊畠山重忠
（1164—1205）

当初は平氏に属して頼朝に敵対、のちに服属し木曾義仲や平家の追討などで戦功を立てる。頼朝の死後、頼家を補佐。北条時政の娘（政子の妹）と再婚するが、のち北条義時と戦い戦死。

の朝比奈義秀《あさひなよしひで》が、総門を破って御所に乱入。義秀は有力御家人を次々と切り倒して鬼神のように政所に迫り、この前に立ちふさがった義氏の鎧《よろい》の袖をつかまえる。

これに対して義氏は馬を駆って堀を飛び越え、そのために鎧の袖を引きちぎられたが馬は倒れず、主も落ちず、互角の戦いをした。「これをみた者は手を打ち、舌を鳴らして両者の武勇をほめそやした」という。

この合戦の勝利で北条氏の執権体制はより強固になり、義氏は3代執権＊泰時《やすとき》の娘を妻に迎えて北条氏との連携をさらに強めている。

足利義氏像（鑁阿寺蔵）

＊**北条泰時**（1183—1242）
義時の長男。承久の乱後、六波羅探題を設置し戦後の処理にあたる。父義時の死後3代執権となる。連署・評定衆の設置し合議制を制度化した。1232年、御成敗式目を制定し武家政治を確立した。

3代義氏が隠棲した法楽寺＝足利市本城 3丁目

1219年、将軍実朝が暗殺され源氏の将軍が絶えると、世情はいよいよ動揺する。その時に起こったのが、後鳥羽《ごとば》上皇《じょうこう》が幕府打倒の院宣を下した「承久*の乱」である。幕府側は東海、東山、北陸の3道から大軍を西上させた。義氏は東海道大将軍となり、10万騎を率いて京都に進撃し、反乱を抑えた。近代市史は「この時期の足利

＊承久の乱
1221年、皇権回復を目的に後鳥羽上皇を中心とした朝廷方が鎌倉幕府討幕の兵を挙げたが大敗し、幕府に鎮圧された事件。後鳥羽上皇、土御門上皇、順徳上皇が配流された。

氏は上総と三河の守護を兼ね、他を圧する観があった」と記している。

　義氏と5代執権北条*時頼《ときより》の親密な関係は、吉田兼好の『徒然草』にも描かれている。義氏の亭宅を訪れた時頼を夫婦でもてなし、時頼が「毎年いただく、足利の染め物が待ち遠しい」と言うと、義氏は「用意しています」とさまざまな反物を30疋《ひき》取り出し、目の前で女房たちに仕立てさせて献上した、という。足利染めは当時の執権も欲しがるほどの貴重品だった。

　明治大教授の清水克行《しみずかつゆき》さんは「足利氏がすごいのは歴代の当主が菩提寺《ぼだいじ》に大規模な浄土庭園を造っていることで、その財力は鎌倉御家人の中でトップだった。中でも北条氏との絆が二重三重に結ばれた義氏の時代が、鎌倉時代における足利氏の最盛期だったのではないか」と解説する。

　しかし北条氏との協調によってつかんだ義氏の栄光に満ちた人生は、晩年のある事件によって歯車が狂い始める。義氏が亡くなる3年前のことだった。

＊北条時頼（1227―1263）
泰時の孫。鎌倉幕府第5代執権。三浦氏を滅ぼす。1249年引付衆を設置し、裁判制度を改革するなど幕政の発展に尽くした。

智光寺跡、吉祥寺

北条氏と「微妙な関係」か

足利氏4代の泰氏《やすうじ》が建立した足利市山下町の＊智光寺《ちこうじ》は、三方を美しい山に囲まれた「平石の里」にある。

今から半世紀前、栃木県立足利商業高（現足利清風高）の新設に伴って足利市が平石八幡宮《はちまんぐう》周辺の発掘調査を行い、歴史の片隅に忘れ去られていた鎌倉中期創建の智光寺の輪郭が浮かび上がってきた。

調査の結果、「智光寺 1265（文永2）年3月」と記

1 樺崎寺跡
2 鑁阿寺
3 光得寺
4 下野国一社八幡宮
5 鶏足寺
6 法玄寺

＊**智光寺跡**（平石八幡宮）

足利氏4代泰氏は出家後、足利荘に戻って「平石の里」に一大寺院を建立した。泰氏は「証阿」と号し、信仰に生きたとされる。1965年の発掘調査で、浄土庭園を持つ真言宗の寺だったことが確認された。

された瓦が出土し、園池を中心に整然と造られた浄土庭園型の寺院だったことが分かったのである。

　調査を担った当時の県文化財調査委員前澤輝政《まえざわてるまさ》さんは著書の中で「足利の地で浄土庭園の遺構を目の当たりにしたことは驚きだった」と記している。

足利氏の有力一門

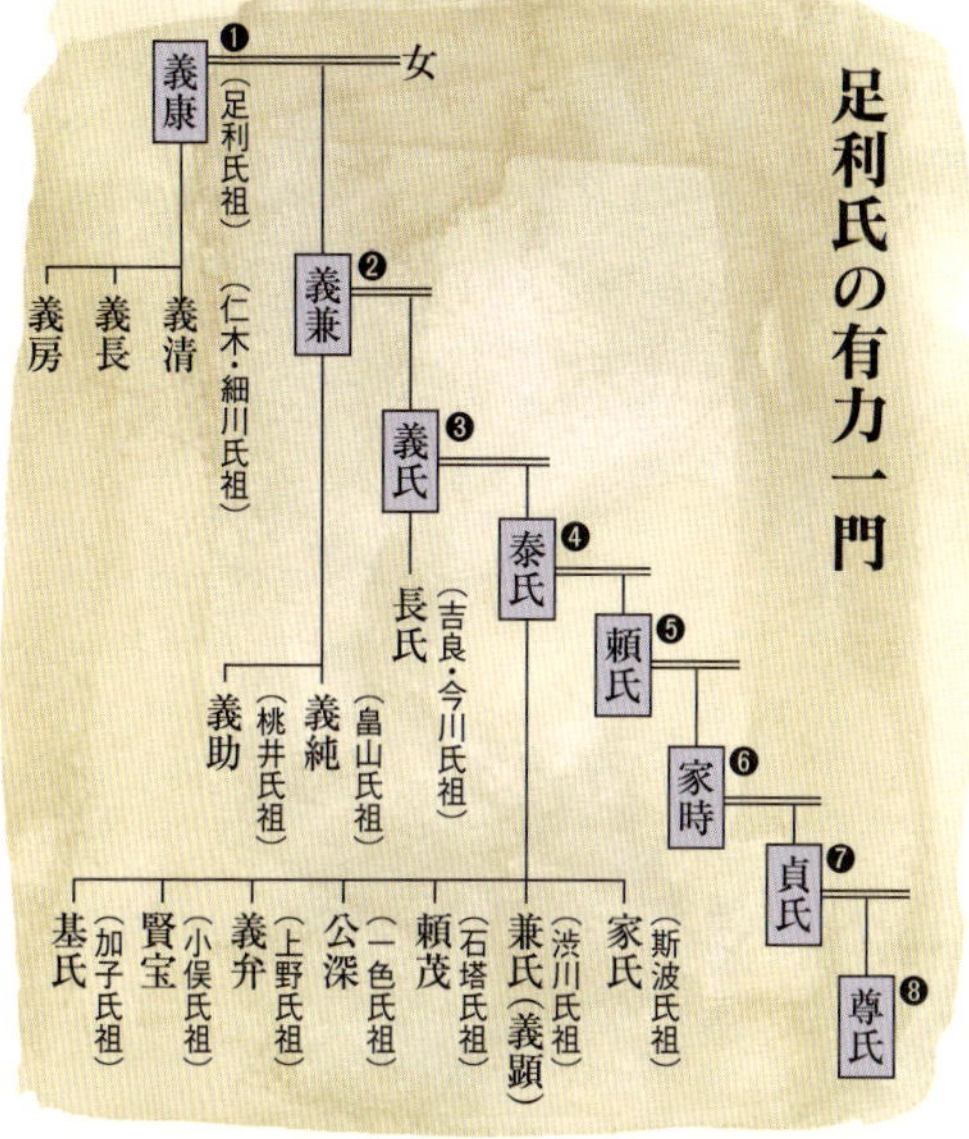

　『近代足利市史』などによると、泰氏は若くして「宮《く》内少輔《ないしょうゆう》」というポストに任ぜられ、父の義氏《よしうじ》、兄の長《おさ》氏《うじ》とともに鎌倉幕府に出仕している。長氏は三河国吉良《きら》荘を譲られて吉良・

智光寺跡

足利市山下町（足利清風高校北側）
【交通】JR両毛線足利駅・東武伊勢崎線足利市駅から車で約15分。JR両毛線山前駅から徒歩約20分

●足利泰氏、頼氏

1237	足利4代泰氏、丹後守から宮内少輔に
1251	泰氏、所領の下総で出家する（自由出家事件）
	泰氏、頼氏に家督を譲り足利平石に閑居
1261	頼氏、鶴岡八幡宮放生会の随兵を病のため辞退
1262	頼氏、没か
1265	泰氏、足利に智光寺を建立
1270	泰氏没す

今川《いまがわ》両氏が後流となり、泰氏は執権北条泰時《ほうじょうやすとき》の娘が生母だったので、義氏の跡を継いで4代目の当主となった。20代前半でこのポストを得ることは、たとえ名門の子弟でも容易でない。

しかし泰氏は36歳の時に突然、出家してしまう。幕府に無断で行ったいわゆる「自由出家事件*」である。武家法で禁止されている行為だったので、拝領したばかりの下総国埴《は》生《ぶ》荘（千葉県）を没収され、中央の役職も解任されてしまった。

この事件について鎌倉幕府の正史『吾妻鏡』は、1251年12月2日の条に「足利泰氏が所領の下総国埴生で密《ひそ》かに出家を遂げる。ひたすら山林で修行する志を抱いた」と短く記している。

さらに5日後に「相州（執権北条時頼《ときより》）の親戚で、父左馬頭入道（義氏）は関東の宿老であり、泰氏自身からの嘆願もあったが受け入れられることはなかった」と続報がある。筆者はこの泰氏の行動について「埴

＊自由出家事件
足利氏4代泰氏は1251年、所領の下総国埴生荘（現在の千葉県成田市付近）で突然、36歳という若さで頭をまるめ、出家してしまった。幕府の許可を得ないで出家することは「自由出家」と呼ばれて重大な背信行為になる。このため、幕府はこの行為を許さず、埴生荘は没収された。

泰氏が建てた智光寺（廃寺）の一角に勧請された平石八幡宮＝足利市山下町

生荘は泰氏が初めて拝領した土地であり、この初入部に出家を遂げた。不思議なことである」と首をひねっている。

しかし、この「自由出家事件」の背景には別の事件があったようだ。

12月下旬の『吾妻鏡』は「雹《ひょう》が降った鎌倉で騒動があり、陰謀の企てが露見し、謀反の衆が捕らえられ、誅殺《ちゅうさつ》された」と伝えている。

明治大教授の清水克行《しみずかつゆき》さんによると、将軍職にあった＊藤原頼経《ふじわらのよりつね》・頼嗣《よりつぐ》父子と宝治合戦で滅んだ三浦《みうら》一族の残党が北条氏を排除するために仕組んだ、大規模なクーデター事件だったと考えられている。

清水さんは「泰氏は当初からこのクー

＊藤原頼経（1218—1256）
鎌倉幕府4代将軍。源実朝が暗殺された後、源頼朝の遠縁にあたる頼経が鎌倉に迎えられた。1226年将軍となるが、執権北条経時に疎まれ、子の頼嗣に将軍職を譲る。

デター計画に何らかの形で参画しており、それが事前に漏れたことで進退窮まり、先手を打って出家を遂げ、謀反人グループからいち早く離脱してしまったのではないだろうか」とみている。

　泰氏はこれを機に足利の平石に閑居し事実上、引退した。足利氏の栄光にブレーキがかかり、清水さんによれば、泰氏の嫡男頼氏《よりうじ》は北条氏の支族佐介《さすけ》氏から妻を迎えている。

　足利氏は2代義兼《よしかね》が北条政子《まさこ》の妹時子《ときこ》をめとっているが、時子は3代義氏らを生んだ後、「蛭子《ひるこ》伝説」という悲話を残して亡くなった。この伝説について清水さんは「当初、円満だった北条氏との関係が、微妙な

頼氏ゆかりの吉祥寺＝足利市江川町

緊張関係をはらむものに変わっていったという事情が反映されているのかもしれない」と指摘している。

泰氏は、平石での約20年間の引退生活で12男3女をもうけ、ここから斯波《しば》氏、渋川《しぶかわ》氏、一色《いっしき》氏、小俣《おまた》氏らの有力武将が生まれている。嫡男の頼氏は市史によると、射芸に長じて鶴岡八幡宮での流鏑馬《やぶさめ》の射手に選ばれるほどだったが、病弱だったのか、若くして亡くなったと伝わる。頼氏は足利荘に別宅を設け、それが＊吉祥寺《きっしょうじ》となって残されている。

足利市内で節分の日に開催される「鎧《よろい》年越」は、泰氏が創設した伝統行事とされる。戦国絵巻さながらのこの行事は今から750年ほど前、泰氏が坂東武者500騎を鑁阿寺《ばんなじ》南大門に勢ぞろいさせた故事から始まっている。足利市在住の小説家松崎洋二《まつざきようじ》さんは「泰氏の早めの引退は、足利氏にとって決してマイナス面ばかりではなかった。父親の義氏に加え、泰氏も後に足利尊氏が政権を取るベースとなった『大足利』の生みの親なのです」と語る。

＊吉祥寺

足利氏5代頼氏が覚恵和尚を開山として創建した。天台宗。山号の「義任山」は頼氏の法名に由来する。山麓に堂塔を建て、門前に大きな池があったとされる。このことから浄土庭園があったとみられている。

足利市江川町245

【交通】北関東道足利ICから車で約10分。JR両毛線足利駅・東武伊勢崎線足利市駅から車で約10分

足利学校

「学問の聖地」深く関与

「栃木県には聖地が二つある。日光と『学問の聖地足利』です」

昨春の日本遺産認定1周年記念講演で、講師の東京学芸大副学長大《おお》石《いし》学《まなぶ》さんは、中世の＊足利《あしかが》学校《がっこう》の教育力をこう評価した。

足利学校が海外にまで知られるようになったのは、16世紀に来日したキリスト教の宣教師たちが組織を通して発信したことによる。

イエズス会の宣教師フランシスコ・ザビエルは、インドのゴア宛ての書簡で足利学校を「日本で最も大きく、坂東（関東）にあって、都にほど近い有名な学校より学生の数もはるかに多い」と紹介している。ただザビエルは、都に近いそのほかの学校を「高野、根来寺、比叡山、近江」の仏教寺院と明かしており、足利学校についても同様の寺院と

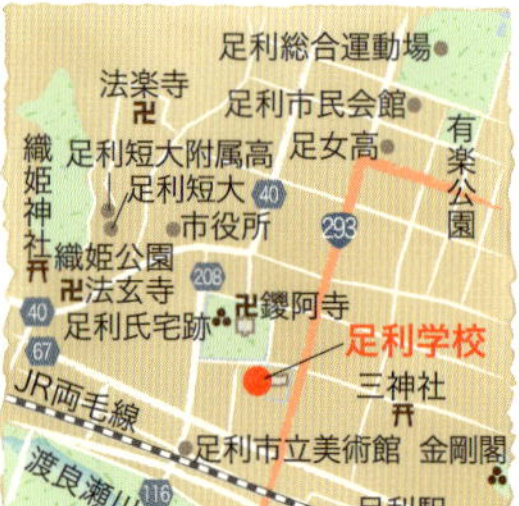

＊**足利学校**
創立、創設者に諸説あるが、足利義兼という説が有力。上杉憲実によって再興された。1532～1624年頃が最盛期となり、「坂東の大学」といわれた。
足利市昌平町2338
【交通】北関東道足利ICから車で約10分。JR両毛線足利駅から徒歩10分。東武伊勢崎線足利市駅から徒歩約15分

●足利学校

832	小野篁が足利学校創設説
1190～98	足利義兼が学校創設か
1349	鎌倉公方足利基氏による学校興隆
1432～39	上杉憲実、鎌倉から僧快元を招く
1467	足利学校を鑁阿寺隣接地に移す
1528～31	足利学校の講堂、書院全焼
1549	ザビエル、「坂東の大学」と書簡送る
1561	天海、足利学校に学ぶ
1587	フロイス、著書に「坂東随一の大学」と記す
1595	徳川家康、京都に移された書籍などを学校に戻す

認識していたようだ。

同じイエズス会のルイス・フロイス*も著書の中で「足利には日本で最も古く重要な大学がある」とし「仏教系の学問を教授する足利学校はキリスト教の布教に大きな障害となるので、論争して勝つことが重要だ」などと主張している。

宣教師たちに「布教の障害になる」と警戒させるほど、出身者の影響力が強かったということだろう。

源姓足利氏は、その足利学校とどのように関わってきたのだろうか。

足利学校の起源については大きく3説があるが、興味深いのは「足利氏2代義兼《よしかね》による創立説」である。

鑁阿寺《ばんなじ》文書には1249年の正月に行われた「講書始《こうしょはじめ》」の段取りを示すくだりがあり、その中で真言密教の根本経典注釈書である『大

***ルイス・フロイス**（1532—1597）
ポルトガルのカトリック宣教師。1563年に初来日し、約30年間布教活動をする傍ら、戦国時代を詳細に記した書「日本史」など多くの著書を残す。

日経疏《にちきょうしょ》』と儒教の根本書『周易《しゅうえき》注疏《ちゅうそ》』の講説を、2人の僧にそれぞれ行うよう指示している。

そしてその裏書きには「4代足利家当主の泰氏《やすうじ》が『2代義兼の素意（意志）に基づいている』と常々言っている儀式なので、怠りなく実施するように」という奉行人の注記があった。

この講説について、栃木県立博物館の元技幹で日光観音寺住職の千田《ちだ》孝明《こうみょう》さんは「仏教経典については真言密教を修学した僧を招集していたが、儒教などの外典については、鎌倉五山の禅僧を招集するようになり、それが鑁阿寺と別の場所で講習を行うように転じていったとも考えられる」と解説し「こうした儀式を通して、鑁阿寺と足利学校という二つの施設が併存するようになったのではないか。ある時期にわざわざ鑁阿寺の隣接地に移したことは、足利氏との関係を抜いて考えられない」と指摘している。

足利学校の学校門（上）と
その奥にある孔子廟（下）＝足利市昌平町

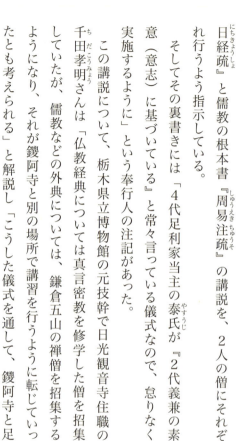

學校

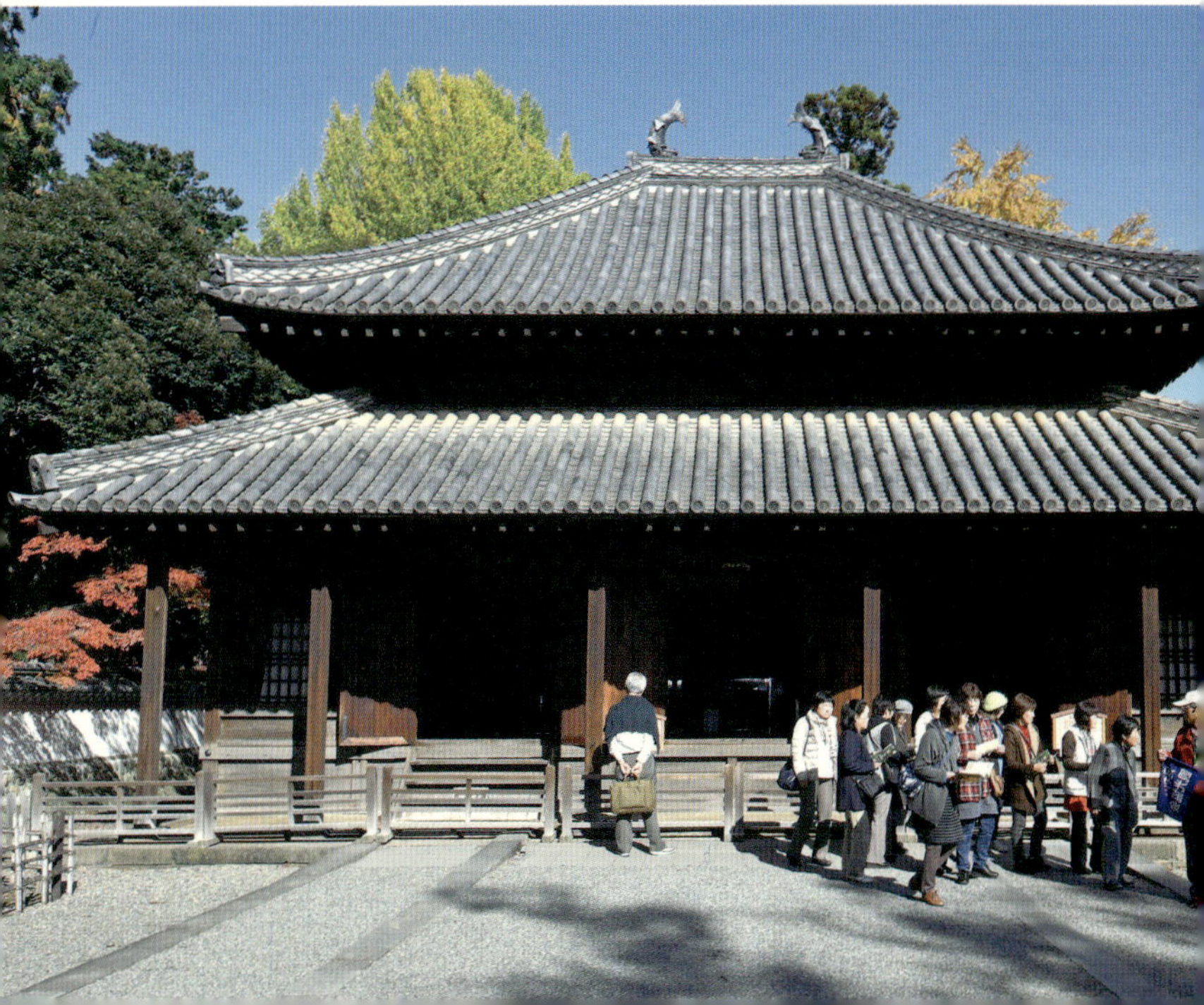

足利学校は足利氏が深く関与し、以降もその伝統を継承した複合施設ということなのだろうか。

室町時代中期になると、関東管領上杉憲実《うえすぎのりざね》が学校を再興し、その後に『五経注疏《ごきょうちゅうそ》』を寄進。その際の置文で「仏典の経典などは大寺で教えており、そちらで学ぶべきだ」という趣旨の教育方針を示した。そして「日本では州学（国学）があるのはわずかで、唯一残されている州学の最たるものが下野（足利）の国学である」と理由を述べている。

憲実の意図について足利学校事務所研究員の市橋一郎《いちはしいちろう》さんは「儒学を中心としていた国学の流れをくむ足利学校が衰退していたため再興し、あらためて学ばせようとしたのです」と説明する。

憲実の置文から想定されるのは、奈良時代にあった律令《りつりょう》制下の国学の流れを受け継ぐ「国学遺制説」だという。

上杉氏に仕えた足利荘の代官長尾氏が

足利学校の国宝４書籍の一つ「周易注疏」。
足利氏の重要儀式に使われた

鑁阿寺の隣接地に移す以前の足利学校は、鑁阿寺の南東部にある岩井山の政所か国府野遺跡にあったという説がある。しかし今では、下野国の国府があったのは栃木市内と確認されており、国学遺制説にはさらに幅広い解釈が出てきている。

平安時代の公家で漢詩人・歌人だった＊小野篁《おののたかむら》による創建説もある。

この説については昭和初期発刊の『足利市史』が出所を室町時代にできた歴史書『鎌倉大草紙《かまくらおおぞうし》』とし「全般を信じるわけにはいかないが、ことごとく排すべきでもない」と記している。

足利学校についてはほかにも、上杉憲実自身による創建説など数説がある。

市橋さんは「足利学校は足利氏の氏寺である鑁阿寺の学問所という考えもあるが起源は分からない」と前置きし「明らかなことは憲実が学校を再興させたこと。憲実は、足利が将軍家の本願の地でもあるので、他所より安全であると考え、大切にしてきた『五経注疏』などの漢籍が末代まで残るようにと造営したのでしょう」とみている。

＊**小野篁**（802―853）
小野妹子の子孫。平安時代前期の漢学者・歌人。令義解の編纂に参加。詩文・和歌は「扶桑集」「和漢朗詠集」「古今和歌集」などに残されている。

新田荘・八幡荘

義重の「思慮深さ」響く

渡良瀬川右岸にある群馬県太田市の「上野国《こうづけのくに》新田荘《にったのしょう》」には、新田一族ゆかりの寺社が多くあり、訪れる中高年ファンも少なくない。

南北朝時代の歴史書『太平記』＊は、新田氏を足利氏と並ぶ「源家嫡流の名家」と表現している。両毛が舞台にもなった四半世紀前のNHK大河ドラマ『太平記』でも、足利尊氏《たかうじ》が新田義貞《よしさだ》に執権北条氏の打倒を持ちかけ、

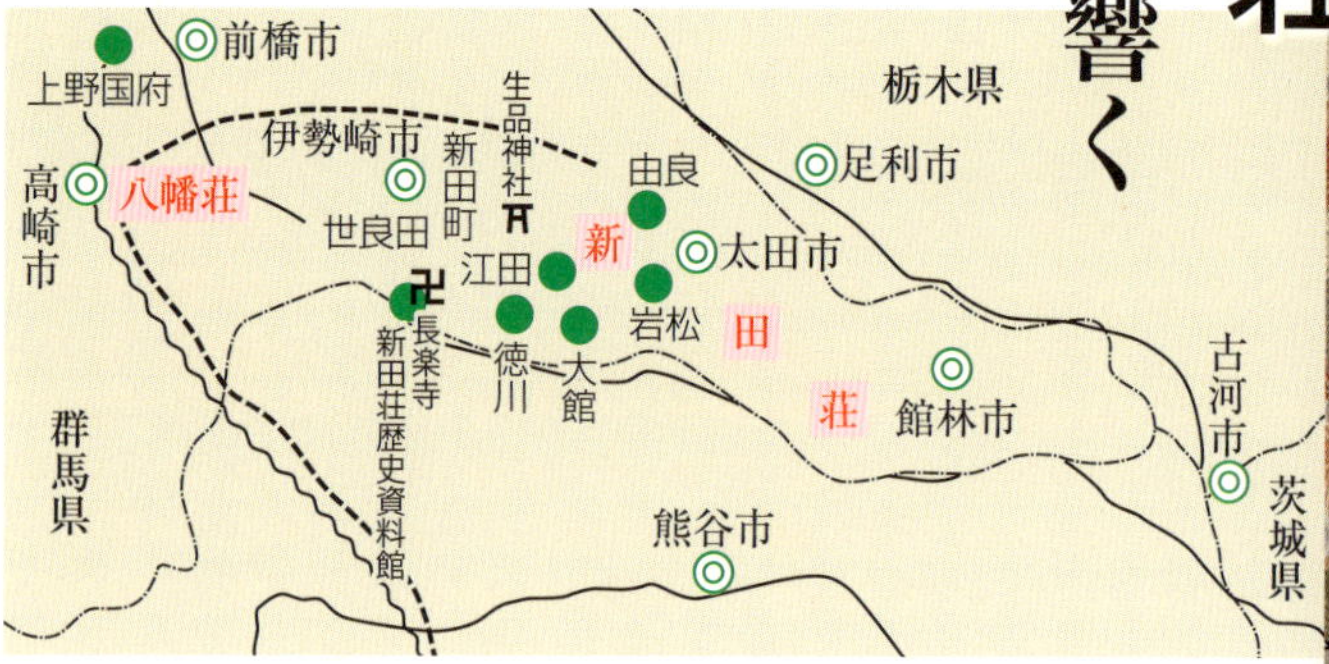

＊太平記
南北朝の動乱を描いた軍記物語。14世紀前半には原型が成立していたものの、足利尊氏の弟直義から修正・加筆を求められ、最終的には1370年ごろに成立したとみられている。著者は不詳。全40巻。

「新田殿が立たれれば足利も従いまする」と対等な立場を演じていた。

しかし鎌倉時代末期の家格をみると、足利氏と新田氏では違いが歴然としていたという。２０１６（平成28）年、群馬県太田市の新田荘歴史資料館で講演した国立歴史民俗博物館准教授の田中大喜《たなかひろき》さんは「鎌倉末期の新田氏が、足利氏と並びうるような家柄だったとは考えにくい。尊氏は従《じゅう》五位上《ごいのじょう》で前治部大輔《さきのじぶだいぶ》という貴族の官位を持っていたのに対し、義貞は無位無官だった」と指摘した。

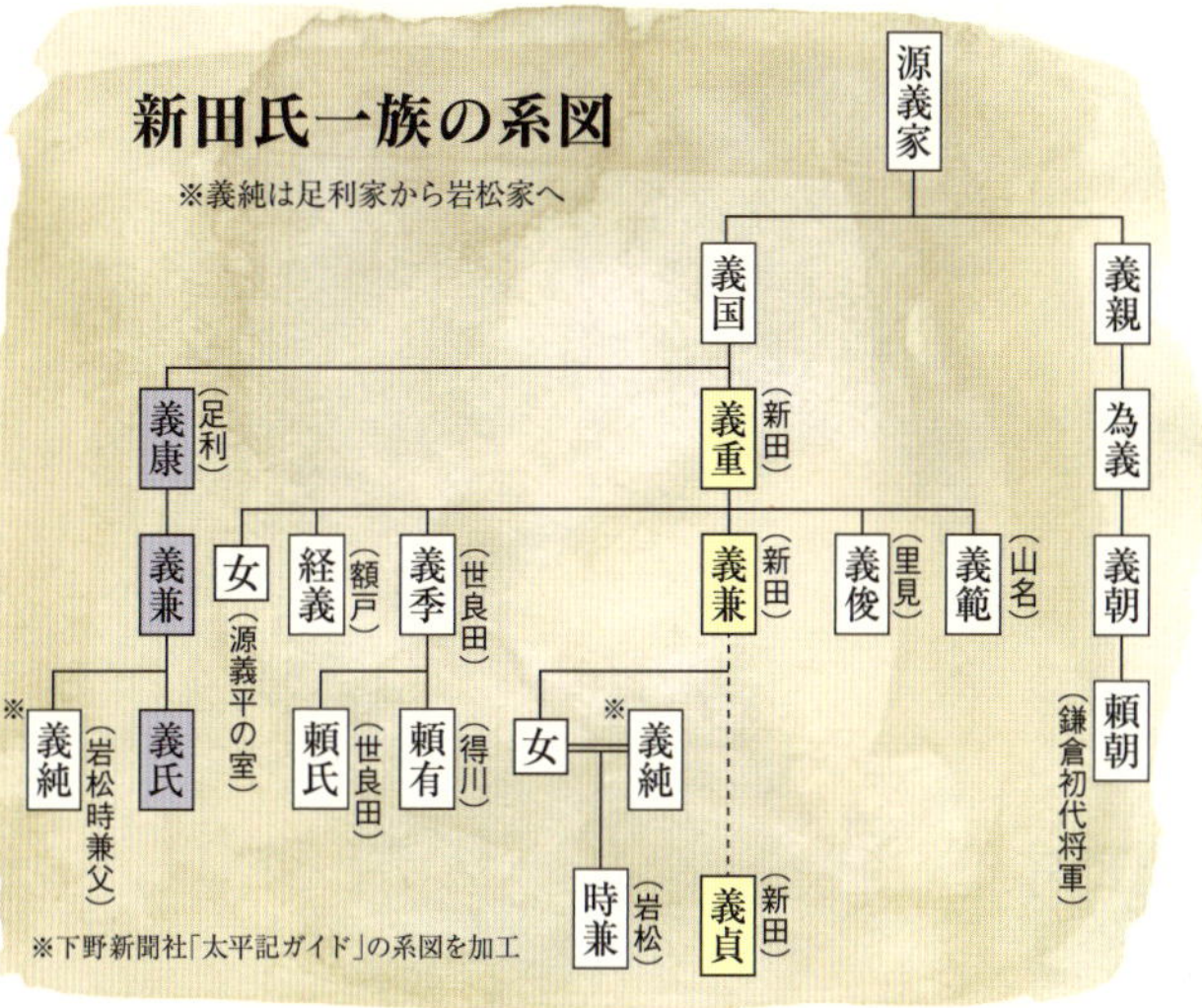

※下野新聞社「太平記ガイド」の系図を加工

　両氏とも義家流清和源氏から出ている。源義国《みなもとのよしくに》の長男義重《よししげ》が新田氏となり、次男義康《よしやす》が保元の乱以降に足利氏を名乗ったとされる。

それが鎌倉末期になぜこうも家格が開いたのか。

新田氏の始まりをみると、初代義重の「思慮深さ」が影響したようにも思える。『新田町誌』によると、1150年に源義国と関東に下ってきた義重は、上野国新田荘に入部し、上野国中央部の八幡荘をも支配していた。

義重は源平内乱が始まった当初は京都にいて平氏政権に仕えていた。『群馬県史』執筆者の一人の久保田順一《くぼたじゅんいち》さんによると、義重は近衛《このえ》天皇の中宮藤原呈子《ふじわらのていし》（九条院）に仕える中で平清盛《たいらのきよもり》や重盛《しげもり》、源義朝《よしとも》との関係を深めていったようだ。

平治の乱で源義朝は没落。しかし義朝の子頼朝《よりとも》が1180年8月に伊豆で蜂起すると、義重は再び関東に下向する。平安末期の公卿《くぎょう》が記した『山槐記《さんかいき》』によると、義重は平清盛に「頼朝に与《くみ》した家人を追討するため坂東に下向する」と書状を提出し、頼朝に従っている勢力を押さえようとした。

ところが実際には、信濃では源氏系の木曾義仲《きそよしなか》が蜂起しており、義重も自ら旗揚げの機会をうかがっていたようなのである。

『吾妻鏡』の9月末の記事には「義重入道に自立の志あり。頼朝の出仕要請に返事がなく、上野国の寺尾城に立てこもって軍兵を集めている」とある。『新田町誌』の筆者である都立大名誉教授の峰岸純夫《みねぎしすみお》さんによると、義重がこもったのは、現在の高崎市寺尾と考えられる。

ただ、義重にはチャンスが回って来なかった。

それどころか頼朝の威勢を目の当たりにし、

●新田氏

1150	源義国、勅勘をこうむり足利へ
1180	源頼朝、伊豆で挙兵 新田義重は寺尾城にこもる
1182	義重、頼朝の勘気こうむる
1189	頼朝奥州合戦。新田2代義兼が参陣
1193	頼朝、義重を新田館に訪ねる
1202	義重没する
1333	新田義貞、千寿翁（足利義詮）と鎌倉を落とす（鎌倉幕府滅亡）

「新田荘」にある長楽寺や新田荘歴史資料館を空から望む＝群馬県太田市世良田町

義重は慌てて鎌倉に駆けつけるが、鎌倉には入れてもらえない。頼朝側近の取りなしで1180年12月下旬にやっと頼朝に参陣。『吾妻鏡』によると、出仕要請に応じなかったことを頼朝に問われた義重は「世の中で戦闘が起こっていた時は、たやすく城を出るものではないと家人たちがいさめますので、ためらっていて参陣が遅れました」と弁明し、何とか聞き入れられたという。以降、義重は『吾妻鏡』に数度しか登場しなくなる。

その一つ、1182年7月の記事には義重が「頼朝の怒りをこうむった」とある。頼朝が義重の息女に思いを寄せ「艶書《えんしょ》（ラブレター）」を送ったところ、義重は急いで別の武士と再婚させてしまったのだ。

寺尾中城跡から義重の伝承がある群馬県高崎市寺尾地区を望む

義重の息女は平治の乱で没した頼朝の兄義平《よしひら》の後室であり、頼朝はこの美貌の兄嫁のことを忘れていなかったが、義重の息女にその気はなかった。久保田さんは「義重は、頼朝の身重の妻北条政子《ほうじょうまさこ》の耳に入ることを恐れ、自らへの冷遇を承知の上でそう判断したのだろう」とみる。

義重は1202年に没した。89歳と長寿だった可能性が高い。知らせを受けた北条政子は、蹴鞠《けまり》に興じようとしていた2代将軍頼家《よりいえ》を「新田入道は源氏の遺老。卒去して20日に及ばないのに、人のそしりをのこさんか」といさめたという。

義重の行動は新田氏の出発点に大きく影響したかもしれない。しかし北条政子はその「思慮深さ」を忘れず、一門の代表者として評価し続けたといわれる。

上野国一社八幡宮（上）
若宮八幡宮（下）

瀧山寺

三河武士 原点に足利氏

愛知県岡崎市の＊瀧山寺《たきさんじ》は、名鉄名古屋線の東岡崎駅から北東に約8キロ、青木川沿いにある1300年前の創建という天台宗の古刹《こさつ》である。

最寄りのバス停から200段近い石段を上りきると、目の前に足利氏3代義氏《よしうじ》の建立という、美しい桧皮葺《ひわだぶき》の本堂大屋根が現れる。

この寺のすごいところは、日本史を彩るビッグネームが寺の「縁起」に次々と登場することだ。

奈良時代の山岳修行者役《えんの》小《お》角《づの》の伝説のほか、物部《もののべ》氏に替わって大《おお》檀那《だんな》となる熱田大宮司《あつただいぐうじ》家、旧正月の寺の奇祭「鬼祭り」を祈願した源頼朝《みなもとのよりとも》、さらに足利氏、そして江戸時代には境内に瀧山東照宮を造

＊**瀧山寺**
1300年前に創建された愛知県岡崎市にある天台宗寺院。瀧山寺縁起は熱田大宮司一族や足利氏一門・被官との関係に触れており、資料的価値が極めて高い。足利氏の「準菩提寺」と位置づけられている。

足利義氏が創建に尽力した桧皮葺き屋根の瀧山寺本堂＝愛知県岡崎市滝町

営する徳川《とくがわ》氏が出てくる。

最盛期は承久《じょうきゅう》の乱（1221年）の戦功で三河の守護となり、瀧山寺の壇越《だんおつ》（支援者）となった足利義氏の時代だという。住職の山田《やまだ》亮《りょう》盛《せい》さんによると、額田郡などの住人に命じて、現在の五間（約9メートル）四方の本堂を建てさせたのは義氏だった。山田さんは「歴代の足利氏も所領や仏具を寄進し、瀧山寺は足利氏の準菩提寺《ぼだいじ》になっていくのです」と説明する。

岡崎市滝町字山籠107
【交通】名鉄名古屋本線東岡崎駅から大沼方面バス瀧山寺下下車徒歩3分

*足利氏所領分布図

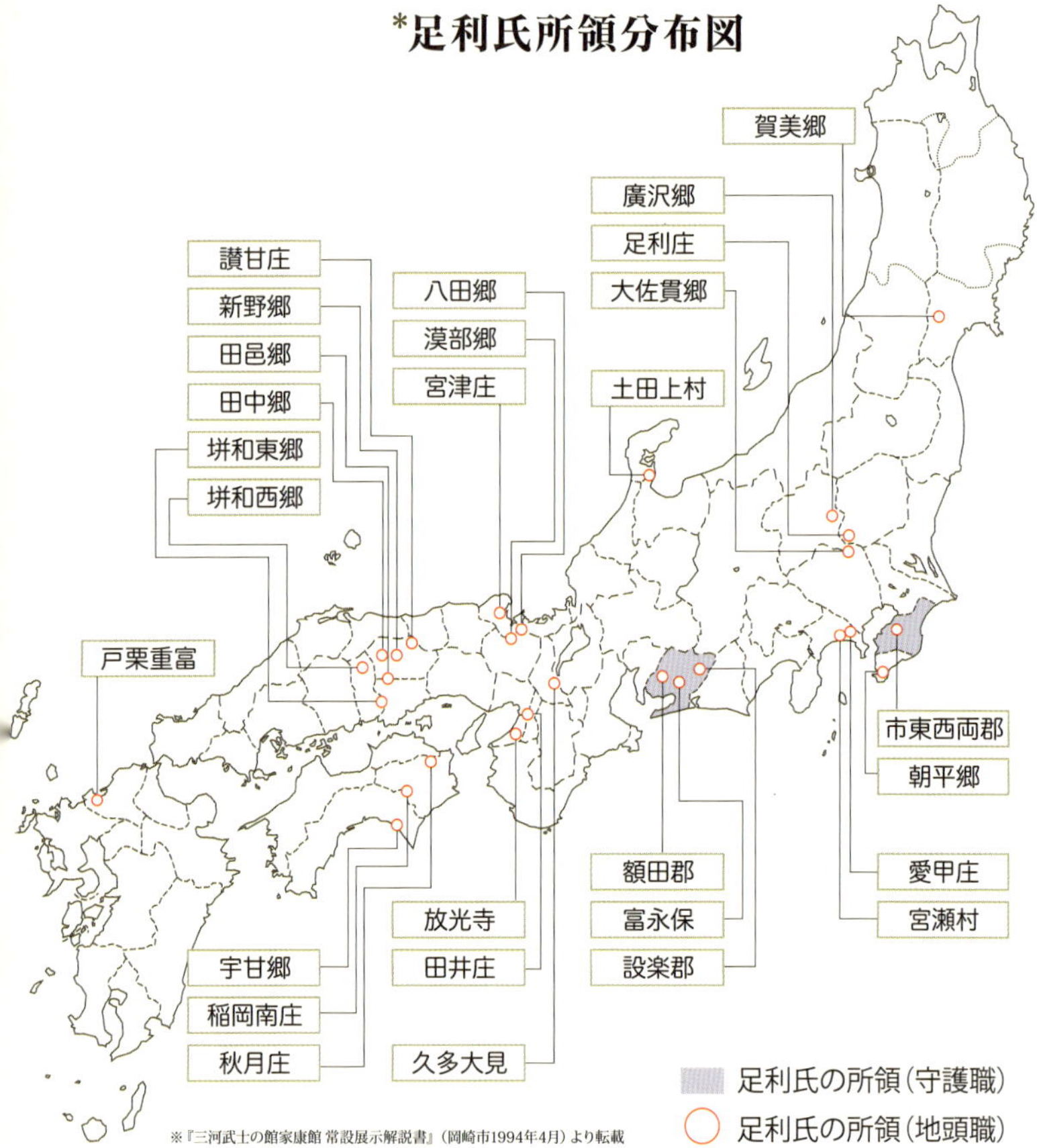

※『三河武士の館家康館 常設展示解説書』(岡崎市1994年4月)より転載

***足利氏所領分布図**

足利氏は、名字の地である足利を本領としているが、所領は全国各地に広がっている。東北大所蔵の倉持文書によれば、鎌倉末期の所領は6郡、30荘、郷・保など17カ国に及んだ。大部分は地頭職だという。

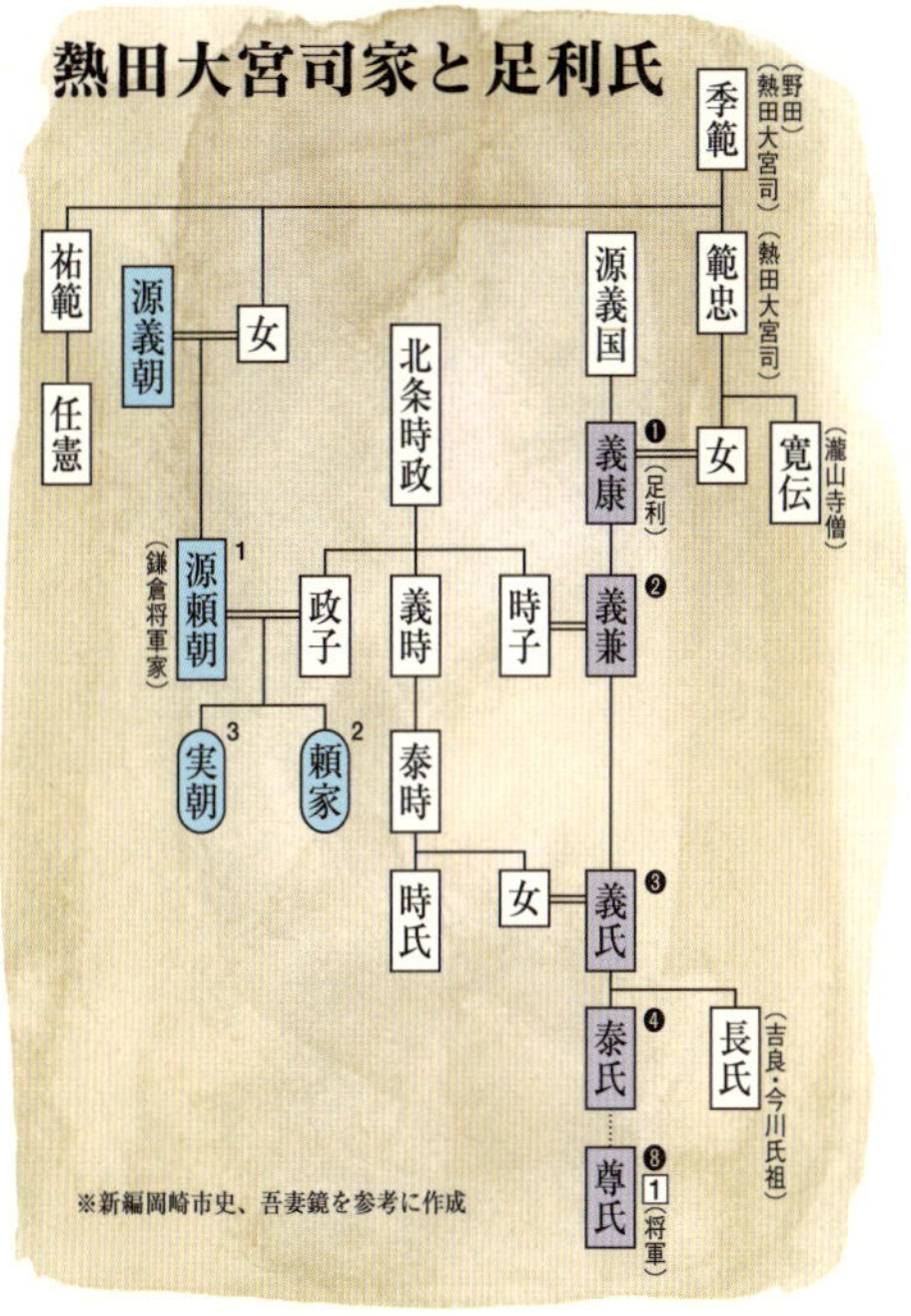

『新編岡崎市史』によると、瀧山寺の本堂は1222年末に棟上げし、義氏の室が登山して儀式に臨席した。市史は「それはあたかも足利氏の三河守護、額田郡地頭就任の高らかな宣言であって、威勢を誇示する一大セレモニーのようだった」と記している。

その後、義氏の長男長氏《おさうじ》が定着して三河《みかわ》吉良《きら》氏、今川《いまがわ》氏の祖になった。矢作川沿いに領地を得た足利一門には、管領家である細川《ほそかわ》氏や四職の一人一色《いっしき》氏、守護大名の仁木《にっき》氏らがいる。

●三河・瀧山寺

673〜86	役小角が瀧山寺前身の吉祥寺を建てる
1120〜24	比叡山出身の仏泉永救が霊場を建て布教進める
1160	源頼朝、伊豆に流される
1180	頼朝、伊豆で挙兵
1182	頼朝、日光山に寛伝を送り込む
1199	頼朝没する
1200	寛伝、頼朝の菩提を弔うため惣寺禅院を創建
1221	承久の乱で義氏、東海道大将軍に
1222	足利義氏が瀧山寺本堂を棟上げ
1254	義氏没する

平安時代末の瀧山寺は藤原氏系の熱田大宮司家、源頼朝、足利氏とのつながりが深い。熱田大宮司範忠《のりただ》の姉妹の一人は頼朝の母であり、範忠の娘が足利氏初代義康《よしやす》の室になっている。

そして範忠は、中世への転換点となった保元の乱と平治の乱で家の子・郎党を頼朝の父義《よし》朝《とも》のもとに差し向け、援助している。義朝は保元の乱で勝利したものの*平治の乱で惨敗し、敗走中に尾張国で家人に殺されてしまう。わずか13歳の頼朝は、捕らえられ伊豆に流された。

その頼朝に手を差し伸べたのが、仏門に入って瀧山寺にいた範忠の弟祐範《ゆうはん》である。『吾妻鏡』によると祐範は、早世した頼朝の母の仏事を丁重に行い、伊豆に流された頼朝に郎従を付け、頼朝のもとに毎月使者を送っている。

頼朝には5歳年長の従兄*寛伝《かんでん》がいた。熱田大宮司範忠の子で、叔

＊平治の乱
1159年、後白河法皇をめぐり藤原信西（通憲）と藤原信頼が対立。信西が平清盛ら、信頼が源義朝らの武士と結んで挙兵。信頼・義朝らは敗北、平氏政権の幕開けとなった。

父の祐範を頼って桑門に入り、頼朝の後ろ盾を得て、日光山満願寺（現輪王寺）の第19世別当（座主）に転身した。

当時の日光山は別当の後継争いから戦闘になり、多くの堂宇《どうう》が焼け落ちた。

『輪王寺史』によると、頼朝はこれをよしとせず、治安のためにと観纏《かんてん》（寛伝）を送り込んだ。寺史には「貴族が住し、日光山座主と鎌倉幕府の深い関係は、この時より起こった」とある。ただ日光山衆徒は寛伝に服せず、混乱を

足利義氏が寄進した木造十二菩薩面＝愛知県岡崎市滝町

＊寛伝
（1142―1205）
熱田大宮司藤原季範の孫。将軍源頼朝の従兄弟であったため、鎌倉幕府の庇護を受けた。足利義康の義兄弟でもある。下野の満願寺（現、日光輪王寺）住職を経て、瀧山寺住職となった。

嫌った寛伝は1、2カ月で三河に戻ったという。

　1199年1月、頼朝が53歳で没すると、寛伝は頼朝の菩提を弔うため瀧山寺の参内に「惣持禅院《そうじぜんいん》」を建立。頼朝のあごひげと歯を形見として受け取り、聖《しょう》観音菩薩立像など3体を運慶《うんけい》親子に造らせて本尊とし、胎内に納めている。

　市史を執筆した愛知教育大教授の新行紀一《しんぎょうのりかず》さんは随想の中で「瀧山寺には『惣持禅院の年中行事の費用を賄うために、田を寄進する』という趣旨の文書が残されており、この土地を寄進した主体は足利義氏」とみている。

　足利氏8代の尊氏が、後にこの三河武士を結集して武家政権を樹立できたのは、地の利がある「三河」に、義氏らがまいた種が育っていたからだろう。

三尊立像（左より帝釈天・聖観音・梵天）
聖観音菩薩立像には源頼朝のあごひげと歯がおさめられているという

国指定重要文化財
木造帝釈天立像
鎌倉時代
重文 聖観
国指定重要文化財
木造観音菩薩立像
鎌倉時代
合掌
国宝の美

報国寺

権力闘争で家時自害か

竹庭で知られる鎌倉市浄明寺2丁目の*報国寺《ほうこくじ》には、足利尊氏の祖父足利氏6代家時《いえとき》とされる墓がある。

副住職の菅原《すがわら》義功《ぎこう》さんは竹林の奥にある鎌倉特有の横穴式のやぐらに案内し、「ここが家時の墓と伝わるのです」と説明した。大きな五輪塔のある中央墓が、家時の墓のように見える。

「竹庭の寺」として人気を集めている報国寺

＊報国寺
開基は足利氏6代家時だが、実際には宅間上杉氏の祖上杉重兼が創設に関わっている。上杉氏は1252年、鎌倉幕府6代将軍宗尊親王に従って京より鎌倉に下った重房を初代とし、将軍の側近として鎌倉に定住した。関東における足利公方の終焉の地でもあるという。美しい竹林がある。

報国寺の裏山には、自害したとされる尊氏の祖父家時のやぐらがある
＝鎌倉市浄明寺２丁目

この家時には有名な言い伝えが残されている。室町時代の初頭に生きた足利一門の武将今川《いまがわ》了俊《りょうしゅん》の『難太平記』によると、八幡太郎源義家《みなもとのよしいえ》が「われ7代の孫に生まれ変わり天下を取る」と置文し、その7代に当たる家時が「自分の代に至っても天下取りを実現できない」と責任を感じて腹を切った。

家時はその際、「わが命を縮めて3代のうちに天下を取らしめたまえ」と八幡《はちまん》

鎌倉市浄明寺2－7－4
【交通】JR鎌倉駅から京浜急行バスで12分、浄明寺下車徒歩3分

大菩薩《だいぼさつ》に祈り、子孫に置文を残したという。

家時から3代目の尊氏は、その置文通りに政権を掌握し、京都に幕府を開いている。『難太平記』は「足利氏が源氏の嫡流だったから、義家の予言の通りに政権を担えた」と主張しているようにも読める。

しかしこのエピソードは、研究者の間で「できすぎた話」と受け止められている。家時の自害には、別の理由もあったようなのだ。

明治大教授の清水克行《しみずかつゆき》さんによると、家時は1284年6月に、25歳で亡くなったことが『瀧山寺縁起』などによって確実視されている。

この前後、鎌倉では重大な事件が相次いでいた。

4月に元寇の脅威を前に幕府への権力集中を進めていた執権北条《ほうじょう》*時宗《ときむね》が死去。

北条一門で六波羅探題南方長官の佐介時国《さすけときくに》が6月に召喚され、後

●足利家時

1269	足利6代家時、鑁阿寺内の諸規定定める
1282	家時、伊予守に命じられる
1284.4	執権北条時宗が死去
.6	佐介時国、召喚され、後に誅殺。家時、自殺か
.7	北条貞時、執権に就く
1285	安達泰盛一族滅ぼされる(霜月騒動)

＊北条時宗（1251―1284）

鎌倉幕府第8代執権。北条時輔らを討ち（二月騒動）、得宗の地位を確定させた。九州の防備体制強固にし、蒙古軍の来襲を撃退（文永・弘安の役）。宋から無学祖元を招き円覚寺を建立した。

に誅殺《ちゅうさつ》される。時国の叔父も謀反の疑いで佐渡へ流罪に。そして家時は、この佐介氏に対する大弾圧が吹き荒れている最中に切腹してしまった。

事件が収まった7月に至って、時宗の嫡子貞時《さだとき》がやっと執権に就任している。

こうした出来事を並べてみると、時宗の死によって幕府内部で権力闘争が始まり、家時は佐介事件に関与して自害した、という疑いも見えてくるという。

足利氏は幕府内の対立が表面化しそうになると、当主の引退か自害によって事を収めてきた経緯がある。清水さんは「血筋の高さに着目された家時が、佐介氏一党の謀反に担がれるか、そう誤解されても仕方ないような事態が起きていたのではないか」と推測する。

家時の父頼氏《よりうじ》の正室はこの佐介氏から嫁しているという。ところが頼氏が早世したため「家女房」だった*上杉重房《うえすぎしげふさ》の娘から生まれた家時が家督を継いだ。そして報国寺の開基は「報国寺殿」と呼ばれた

＊上杉重房（?—?）
藤原清房の子。上杉氏の祖。娘は足利頼氏の側室となり家時を、孫娘の清子は足利貞氏の子尊氏、直義を生むなど、足利氏の外戚として重きをなした。現在、鎌倉市明月院に上杉重房木造坐像（国重要文化財）がある。

家時になっているが、事実上の開基はこの上杉氏だという。『鎌倉市史』は「家時の母が上杉氏出身なので、その縁から家時を開基としたのではないか」と記している。

足利氏と上杉氏の関係は、この家時の時代から濃厚になってくる。

しかし足利氏は3代義氏《よしうじ》以降、北条家から嫁いだ正妻の生んだ男子が嫡子となってきた。

この時点では、家時の母だけが北条家の出身ではない。権力を拡大させていた北条得宗家《とくそうけ》との間に距離ができ、足利氏の影響力が低下していったことは想像に難くない。

ただ家時については、生前に「天下を取る」という意識を持っていたかどうかは疑わしいという。つまり置文は存在していても、『難太平記』にあるような政権奪取の意欲を感じさせる内容ではなかった、という見方が有力になっている。

であれば、置文はどういう経緯で政権奪取を祈願する内容に替わってしまったのだろう。

清水さんは「尊氏兄弟からすれば、先々代の死が政争に巻き込まれた末の切腹では、あまりにも痛ましすぎる。政権の正当化と惨めな死を隠微するために、兄弟が別の遺書を創作したのではないか」とみている。

報国寺本堂

浄光明寺

背中押され官軍と戦う

鎌倉市扇ガ《おうぎが》谷《やつ》2丁目の浄光明寺《じょうこうみょうじ》*は1335年12月、数万という後《ご》醍醐《だいご》天皇派遣軍の関東下向を前に、足利尊氏が蟄居《ちっきょ》した寺として知られる。

南北朝時代の歴史書『梅松論』などによると、新田義貞《にったよしさだ》を総大将とする足利氏追討軍の東下を聞いた尊氏は「天皇に矢を放つことはしない。(官軍との戦いは)決して自分の望むところではない」と政務を弟の直義《ただよし》に譲り、わずかな近臣を連れて立てこもってしまった。

普段は豪放磊落《らいらく》で、戦場でも笑みを含んで畏《い》

●南北朝へ

1335. 7	北条時行が鎌倉攻める(中先代の乱)
.8	足利尊氏、鎌倉を奪回
.11	後醍醐、尊氏の追討軍派遣
.12	足利軍、箱根・竹ノ下で追討軍破る
1336. 1	足利軍入京
.2	尊氏、打出浜などで敗れ九州へ
.3	尊氏、筑前多々良浜で菊池軍を破る
.5	湊川の戦いで楠木正成敗死
.11	尊氏、幕府を開く。建武式目制定
.12	後醍醐、吉野へ(南北朝分裂)

＊浄光明寺

鎌倉時代に赤橋流北条氏の菩提寺となり、大寺に発展した。鎌倉幕府滅亡後は、足利氏の庇護を受けた。室町幕府誕生のきっかけとなった足利尊氏決起を見守った寺でもある。

鎌倉市扇ガ谷2－12－1

【交通】JR鎌倉駅西口から徒歩約15分

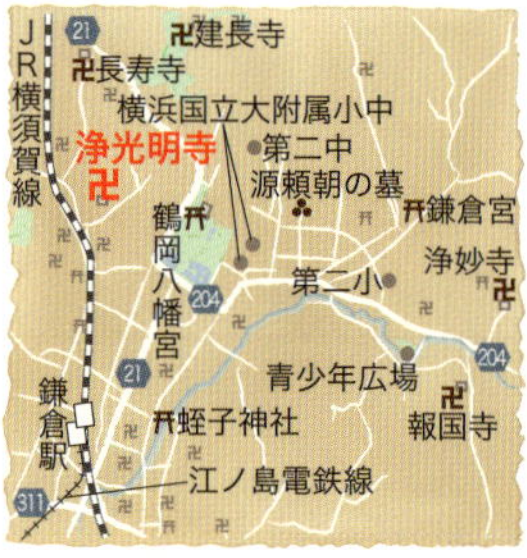

怖《ふ》の色を見せない尊氏が、寺に引きこもってまげを切り、出家しようとまでした。

こうした行動などから、この時期の尊氏は精神的に極めて不安定な状態にあった、とみられている。

浄光明寺は尊氏の妻登子《なりこ》の実家赤橋《あかはし》流北条《ほうじょう》家の菩提寺《ぼだいじ》でもあり、十数年前に発見された寺の敷地絵図には登子の兄赤橋守時《もりとき》*の屋敷も描かれている。住職の大三輪龍哉《おおみわりゅうさい》さんは「尊氏は寺の近くにいて戦況がどう転ぶのか、見極めようとしたのではないか」とみている。

尊氏が関東に出て行くきっかけは、この半年前に起きた「中先代の乱」にあった。執権北条高時《たかとき》の遺児時行《ときゆき》が信濃で挙兵し、迎え撃った直義は時行軍に敗れ、管轄していた鎌倉を奪われた。京にいた尊氏は朝廷に「関東へ応援に出たい」と申し出るが、沙汰がない。

このため勅許を待たずに大軍を擁して鎌倉に向かい、わずか二十数日で鎌倉を奪い返している。この報を受けて後醍醐天皇は勅使を派遣、速やかな上洛《じょうらく》を求め、尊氏も「すぐ帰京する」と応じようとす

＊赤橋守時
（？―1333）

鎌倉幕府最後の第16代執権。北条守時ともいう。足利尊氏の義兄。1333年、鎌倉攻めの新田義貞軍を迎撃したが敗北し自刃。浄光明寺の敷地内に守時の屋敷があった。

るが、弟直義はこれを「危険だ」として懸命に止めている。

兄弟には、後醍醐天皇の建武政権に対して温度差があったようだ。京都大非常勤講師の亀田《かめだ》俊和《としたか》さんは「直義は政権への叛意《はんい》を抱き始めていたが、尊氏にはそうした考えはなかった。尊氏は『後醍醐は追認してくれる』と思い込んでいた」と推測している。

しかし後醍醐天皇は許さなかった。歴史書『保暦間

記』によると、実際には直義の懸念通り、尊氏の上洛を待ち構えて討つ計画が新田義貞らによって進められていた。

尊氏に味方した武士への恩賞などの戦後処理、帰京命令を無視して鎌倉に居座り続けていること、尊氏の暗殺を企てたとして鎌倉に幽閉されていた護良《もりよし》親王を、直義が乱のどさくさに紛れて殺害させたことなどが反逆行為とみなされた。

足利氏が「新田義貞を誅罰すべし」という「軍勢催促状」を数十通出していることも分かっている。都立大名誉教授の峰岸純夫《みねぎしすみお》さんは「催促状が直義名の発給になっているのは、尊氏の心身不良もあるが、政権への反逆とされるのを避けるため、義貞との私闘を印象づけようとした」と解説している。

尊氏は冒頭のように浄光明寺に入り、直義らの出陣要請にも応じ

尊氏が蟄居した浄光明寺＝鎌倉市扇ガ谷2丁目

なかった。しかし尊氏抜きの足利軍は、防衛ラインと定めた三河国（愛知県）矢作《やはぎ》川の守りを官軍に突破され、手越河原（静岡市）でも敗れてしまう。足利軍は戦死者や脱落者が目立って、劣勢が否めない。

直義の念持仏と伝えられる木造彩色地蔵菩薩立像（矢拾地蔵、浄光明寺蔵）

『太平記』によると、この局面で直義らは、鎌倉の尊氏に後醍醐天皇の「たとえ出家しても決して許してはならない」という偽の綸旨《りんじ》を示して説得。そして『梅松論』では、尊氏が官軍との戦いが避けられないことを悟り「直義が命を落とすことがあるのなら自分が生きていても仕方ない」と袈裟《けさ》を脱いで、戦いを決断する様子を描いている。こうしてカリスマ性を持つ尊氏を迎えた足利軍はこの後、一気に攻勢に出て、勝敗の流れを大きく変えている。

直義に背中を押されるようにして「武家政権」樹立へと突き進んだ尊氏の人生最大の分岐点は、この浄光明寺での決断だろう。明治大教授の清水克行《しみずかつゆき》さんは「尊氏は後醍醐にシンパシーを感じていて、建武政権の侍大将という位置付けを最後まで考えていた。そういう個人的な感情と、足利家の棟梁《とうりょう》という立場の板挟みになった末の苦渋の決断であり、この二律背反が生涯を貫く苦悩になっている」と説明する。

浄妙寺

怪死の直義 再評価進む

鎌倉市浄明寺3丁目の臨済宗浄妙寺《じょうみょうじ》*は、足利氏2代の義兼《よしかね》が1188年に創建した古刹《こさつ》として知られる。どっしりとした屋根の本堂が、市内にある足利氏ゆかりの寺院で最も長い歴史と風格を感じさせる。

裏山には尊氏の早世した兄高義《たかよし》の菩提《ぼだい》を弔った延福寺の跡があり、西隣に建つレストランの敷地には、弟直義《ただよし》が創建した大休寺があったという。

住職の甲賀《こうが》丈司《たけし》さんによると、そのレストラン北側の隣接地から十数年前に、鎌倉独特のやぐらが見つかった。「貸していた農地が戻ってきたので整備したところ、やぐらから南北朝時代の直義のものとみられる宝篋印塔《ほうきょういんとう》が見つかった」という。

＊浄妙寺

足利氏2代義兼が1188年に創建し、3代義氏が臨済宗の寺院に改めたと伝わる。中興開基とされる尊氏の父貞氏は没後、寺に葬られ、浄妙寺殿と呼ばれている。境内には尊氏の兄高義が創建した延福寺や弟直義創建の大休寺があったが、今は廃された。

その直義の再評価が、研究者の間で進んでいる。

同母の兄尊氏とは対照的な性格だった。その違いは、8月に品物を贈った「八朔《はっさく》」という当時の習俗への対応からも分かる。「尊氏は集まってくる贈り物を惜しげもなく人に与えてしまうのに対し、直義は八朔の習俗そのものを嫌って、贈り物を一切、受け取らなかった」

足利家代々の菩提寺である浄妙寺の本堂

鎌倉市浄明寺3―8―31
【交通】JR横須賀線鎌倉駅東口から京浜急行バスで8分、浄明寺下車徒歩2分

足利貞氏の墓

という。尊氏のおおらかさ、直義の清廉潔白さ、厳格さが伝わってくる。

兄弟は1336年、京都に幕府を開いた。都立大名誉教授の峰岸《みねぎし》純夫《すみお》さんによると、兄弟の仲はよく、感情の起伏の激しい兄を、謹厳実直な弟が懸命に補っていた。兄弟の役割については、半世紀前の研究で「将軍権力を分掌する『2頭政治』だった」という指摘がある。峰岸さんは「尊氏は『弓矢の将軍』として軍事、直義は『世（政）務』として内政を担って補佐していた」と説明する。

具体的にはどうだったのだろう。明治大教授の清水《しみず》克行《かつゆき》さんは「室町幕府の方針のほとんどは、武家政治の復活をビジョンとする直義が打ち出していた」と指摘する。

京都大非常勤講師の亀田《かめだ》俊和《としたか》さんに

●足利直義

1336.11	建武式目を定める（室町幕府設立）
.12	後醍醐天皇、吉野へ（南北朝分裂）
1349. 4	足利直冬、長門探題に任じられる
.6	直義と高師直が不和に
.8	直義、高師直に襲われ尊氏邸へ逃げる
.9	直義が引退し、鎌倉の義詮が京都へ。直冬は九州へ逃げる
1350.10	直義、尊氏・高師直打倒のため挙兵（観応の擾乱）
.11	尊氏、光厳上皇より直義追討の院宣を受ける
.12	直義、南朝方と結ぶ
1351. 2	尊氏、摂津国打出浜で直義に敗れ、和議結ぶ 高師直ら高一族、上杉軍に襲撃され虐殺される
.12	尊氏と直義、駿河国薩埵山で戦う
1352. 2	直義、鎌倉で没する

御所八幡宮
南北朝の時代に足利直義が邸宅を構えていた京都の御所八幡宮。直義没後に御所八幡宮が再興され、足利氏の鎮守になったとされる

よると、両者の発給文書は1341年時点で直義が9割に迫り、直義は「三条殿」と呼ばれ、事実上の幕府最高指導者として君臨していた。

幕府の法令「建武式目」を作ったのも実質的には直義とされる。亀田さんは「中先代の乱を鎮圧したことで自信を得た直義が、消極的な尊氏を引っ張っていったことが幕府の樹立につながった。室町幕府は、直義がいなければ存在しなかった」と言い切っている。

しかし直義は後に尊氏の執事高師直《こうのもろなお》と対立して失脚。尊氏とも確執を深め、内紛は公家、武士にも広がり「観応《かんのう》の擾乱《じょうらん》」となっていった。直義がふびんに思って養子にした尊氏の隠し子・直冬《ただふゆ》*の存在も、後に尊氏・2代将軍義詮《よしあきら》との間の火種になった。

直義は最終的に、尊氏との直接対決である薩埵山《さったやま》(静岡市)の戦いで尊氏の勧告を受け入れて降伏。浄妙寺と地続きにあった延福寺に幽閉され、1352年2月26日に怪死している。

『太平記』には「鴆害《ちんがい》とささやかれた」とあり、毒殺説が根強くある。

＊足利直冬
尊氏の妾腹の子で尊氏に認知されず、直義の養子となった。観応の擾乱では直義方として中国・九州地方で活躍するなどし、終生、尊氏と敵対した。

『鎌倉市史』は「高師直が殺された1年後であり、師直党に報復されたに相違ない。尊氏も承知の上で、義詮の関与もあり得る」とみている。

しかし峰岸さんは「兄弟の対決は憎悪をむき出しにしたものではない。毒殺というのはあくまでうわさで、長年の戦陣での無理がたたって急性肝炎を発症し、黄疸《おうだん》症状を呈して急死した」と病死説を唱えている。

亀田さんも「直義はこの時には政治への情熱を失っており、もはや暗殺する必要などなかったのではないか」と毒殺説に懐疑的だ。

『太平記』には直義が権力闘争に敗れた護良《もりよし》、成良《なりよし》親王らを殺させており、因果応報的な最期を遂げたという趣旨の記述がある。

福岡大教授の森茂暁《もりしげあき》さんは

浄妙寺の裏手で見つかったやぐら。
手前は直義の墓とみられている＝鎌倉市浄明寺3丁目

こうした『太平記』の描写について「少なくとも成良親王は記された時期に、直義に毒殺されていない。直義の抜けた室町幕府はその正統的な成立史を語る中で、南朝の怨恨《えんこん》を直義にすべて引き受けさせることにより、自らを安全地帯に置くことに成功した」と指摘し、「直義の真骨頂というべき『政道』には意図的と思えるほど触れておらず、直義の本来の姿をそのまま描いているとは到底言い難い」と断じている。

長寿寺

関東への思い　成就せず

「苔《こけ》の庭園」で知られる鎌倉市山ノ内の長寿寺《ちょうじゅじ》＊は、足利尊氏が1336年に創建したと伝わる臨済宗の名刹《めいさつ》である。

JR北鎌倉駅から鎌倉街道を南に歩いて10分、亀ケ谷への切り通しに向かう角の自然豊かな地にある。

住職の浅《あさ》見《み》紹明《しょうみょう》さんは「かつては尊氏の邸宅跡に隣接してあり、実際には尊氏の四男で初代鎌倉公方になった基氏《もとうじ》によって堂宇が整備されたようです」と説明する。観音堂裏の崖に掘られた「やぐら」には、尊氏の遺髪を埋めたとされる墓がある。京都の等持院と同様に、長寿寺の墓も質素である。

尊氏は1358年に54歳で亡くなり、法名を京都では「等持院殿」、

＊長寿寺

足利尊氏が邸跡に創建。尊氏亡き後、鎌倉公方足利基氏が父尊氏の菩提を弔うため七堂伽藍を備えた堂宇を建立。開山者は古先印元。尊氏の遺髪を納めたと伝わる宝篋印塔がある。

鎌倉市山ノ内1503

【交通】JR横須賀線北鎌倉駅から徒歩10分

長寿寺の裏山には足利尊氏の墓があり遺髪が埋められている＝鎌倉市山ノ内

関東では「長寿寺殿」とされた。鎌倉公方の基氏が、管内では「長寿寺殿」と呼ぶよう徹底させたのだという。

尊氏兄弟は関東への思いが強かったとされる。

しかし1336年に足利氏が開いた幕府は鎌倉ではなかった。兄弟の考えの変化が、この年にできた「建武式目」に表れている。

『鎌倉市史』によると、建武式目は、*聖徳太子《しょうとくたいし》の憲法にならって17カ条から成っており、法曹家の中原是円《なかはらぜえん》ら8人が、尊氏の諮問に答えて「政道」に関する意見を上申している。

尊氏はその前書きで「鎌倉に引き続き幕府を置くか、それとも他所にすべきか」と問うていた。

上申書は「源頼朝《みなもとのよりとも》が幕府を開き、北条義時《ほうじょうよしとき》が天下を併呑《へいどん》しており、最もめでたい土地」としながらも、「居所の興廃は政道の善悪によるものである」と続け、「諸人が鎌倉から移りたいというならば、それに従うべきだ」とまとめている。

この遠回しな表現をどう理解したらいいのだろう。

福岡大教授の森茂暁《もりしげあき》さんは「建武式目をよ

●長寿寺殿

1335.12	箱根・竹ノ下合戦で足利軍が官軍に勝利
	京都に進攻へ
1336. 2	尊氏、九州に転進
11	足利尊氏、建武式目を制定（京都に幕府開く）
12	後醍醐天皇、吉野へ（南北朝分裂）
	鎌倉に長寿寺建立と伝わる（1358年説もあり）
1352. 2	足利直義、鎌倉で没する。47歳
1353. 7	尊氏、鎌倉の政治体制を固め、基氏に後事を託して帰京
1358. 4	尊氏、京都で没する。54歳

＊聖徳太子
（574—622）
用明天皇の皇子。名は厩戸皇子。推古天皇の摂政として内政では冠位十二階、憲法十七条を制定。外交では小野妹子らを遣隋使として派遣して国交を開いた。法隆寺、四天王寺等の建立や、「三経義疏」の製作など仏教の興隆に尽くした。

く読むと、尊氏が『鎌倉も悪くないが、京都でもいいのではないか』と誰かに理解を求めながら、京都に移そうと進めているようにも読める」という。

だとすると、誰を説得しようとしたのか。

森さんは「既に弟の直義《ただよし》も京都幕府説に傾いており、尊氏の意を受けて、鎌倉に幕府を置こうとする関東御家人たちを説得しようとしたのではないか。そのために法知識に詳しい自己のブレーンから8人を選任して答申させたのではないか」と推測している。

尊氏はこの1年前の箱根・竹ノ下合戦で後醍醐《ごだいご》軍に勝利して京都に攻め上り、さらに九州に転進した後、摂津湊川（神戸市）の戦いなどを制し、再び京都入りして幕府を開いている。

森さんは「九州などの経験に学んで、尊氏のみならず直義も、ともに京都幕府説に変わってしまったのではないか」とみている。

『鎌倉市史』は「尊氏が中先代の乱以降、千寿王《せんじゅおう》（2代将軍義詮《よしあきら》）を鎌倉に住まわせたのは、その本拠を鎌倉に置く考えがあってのことと思う」と記している。

市史は「尊氏が京都にいたのは政治・軍事上からの必要があったからで、本拠は鎌倉であり、（千寿王を残したのは）彼がまた、（鎌倉で）武家政治を再興しようとする考えから来ている」とみている。

しかし兄弟が樹立した幕府は、こ

鎌倉街道沿いにある長寿寺の山門

の考えとは全く違う性格の京都での都市型政権になった。研究者の中では「武家政権としては鎌倉に残りたかった。しかし吉野（奈良）の南朝があって、尊氏はとても京都を離れられる情勢ではなかった」という見方が少なくない。

京都に移した幕府の施政方針といえる「建武式目」には「賄賂を受け取った者は公職から外し、多額の場合は死刑とする」などとする厳格な規定が目立つ。

北条義時ら鎌倉幕府全盛期の政治を理想とした、直義らしい記述である。森さんは「この直義こそが鎌倉御家人*の代表的存在であり、鎌倉時代の終焉《しゅうえん》は鎌倉幕府の滅亡ではなく、直義が世を去った1352（観応3）年という見方も成り立ちうる」と指摘する。

尊氏は直義の没後、1年半も鎌倉にとどまった。それは鎌倉府の整備もあるが、直義を含めた「鎌倉的なもの」への惜別に必要な期間だったのかも知れない。

＊御家人
当初は鎌倉時代に源頼朝に見参して主従関係を結んだ武士。室町幕府では、将軍直属の家臣を指す。所領安堵、新恩給与、官位推挙などの保護を受けた。

足利公方邸跡

持氏、将軍と対立し自害

鎌倉市の足利氏屋敷跡は、ＪＲ鎌倉駅から東に3キロほどの住宅地にある。金沢街道沿いに石碑が建ち、そこに「＊足利《あしかが》公方《くぼう》邸旧跡《ていきゅうせき》」と刻まれている。

この周辺に鎌倉時代、足利氏の「大倉亭」があったという。鎌倉国宝館の学芸員阿部《あべ》能久《よしひさ》さんは「鎌倉幕府の滅亡後、尊氏の嫡子義《よし》詮《あきら》が住み、後に4男の基氏《もとうじ》が引き継いで、室町時代に鎌倉公方の御所となった」と説明する。公方家はこの基氏から氏満《うじみつ》、満兼《みつかね》、持氏《もちうじ》が世襲した。

御所は石碑を東端に、西端は足利氏ゆかりの浄妙寺まで「方4町（約16万平方メートル）」という書物も存在するほど広大だった。

＊足利公方邸跡
鎌倉市浄明寺4－2
【交通】鎌倉駅から京浜急行バスで10分、泉水橋下車徒歩1分鎌倉公方はここから関東、東北を支配した。

そして徐々に、京都の室町幕府に対抗するようになり、幕府が任命する＊関東管領《かんとうかんれい》とも争いを起こすようになる。4代持氏の時には、とうとう軍事的衝突まで起こしてしまった。

きっかけは、室町将軍の後継者選びにあったようだ。国のリーダーを選ぶには今の時代でも「手続きの正統性」が問われたりするが、6代将軍はなんと「くじ引き」で選ばれた。

『神奈川県史』によると、4代将軍義持《よしもち》の唯一の男子で5代将軍だっ

住宅地に寂しく建つ「足利公方邸旧跡」の石碑＝鎌倉市浄明寺４丁目

＊関東管領
室町幕府の職名。鎌倉公方の補佐役。初代は斯波家長。上杉憲顕以後、その子孫が世襲した。

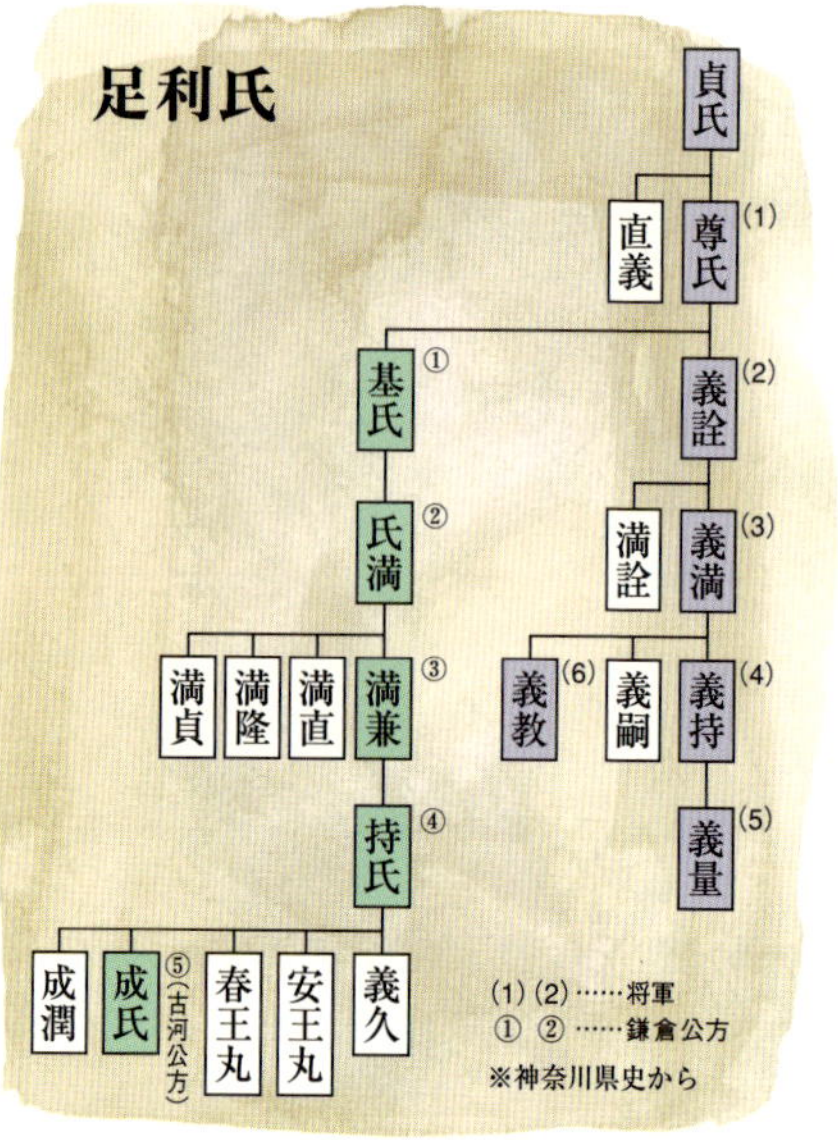

た義量《よしかず》が1425年、19歳で早世し、実権を握っていた義持もその3年後、後継者を決めないまま亡くなってしまった。義持は生前、親しい僧に「決めておいても諸大名が従わないなら意味がない」と、大名たちの計らいに任せることにしていたという。

そして後継は血縁者の中から、くじで決められることになった。候補は仏門にあった義持の兄弟4人。この中からくじによって青蓮院《しょうれんいん》門跡の義円《ぎえん》が選ばれ、還俗《げんぞく》して後に名を義教《よしのり》と改め、6代将軍に就いている。

これに対し鎌倉公方の持氏は、この決定を「大いに不満とした」という。

鎌倉公方

1413	4代鎌倉公方持氏、樺崎寺の御廟整備
1421	3代公方満兼13回忌法要と御廟供
1425	室町幕府5代将軍、足利義量死去
1428	室町4代将軍、義持没する
1429	義教がクジで室町6代将軍に
1438	鎌倉公方持氏、関東管領上杉憲実討伐を命じる 室町幕府、持氏を追討（永享の乱）
1439	持氏自害。鎌倉公方家が滅亡
1440	結城氏朝が持氏の遺児を奉じて挙兵（結城合戦）
1441	室町6代将軍義教、殺害される

持氏は、５代将軍義量が亡くなると使者を上洛《じょうらく》させ、「猶子《ゆうし》となって奉公したい」と請うていた。しかし持氏はくじの対象から除外されていた。県史は「無視された持氏が兵を率いて上洛しようとするのを、関東管領の上杉憲実《うえすぎのりざね》がうその情報まで伝えて懸命に思いとどまらせた」と記している。

持氏は前関東管領上杉禅秀《ぜんしゅう》の乱後、残党狩りを名目に京都扶持《ふち》衆の＊宇都宮持綱《うつのみやもちつな》らを粛清したため、幕府との対立が深まっていた。

持氏は幕府が「永享」と改元後も、鎌倉では「正長」年号を使い続けている。

さらに京都の幕府と鎌倉公方は「足利荘」を巡っても、主導権を争っていた。関東は鎌倉公方の管内だが、足利荘は足利氏発祥の地であるため、特別に幕府の直轄地とされていた。

＊宇都宮持綱（１３９５—１４２３）
宇都宮氏の分家の武茂氏から宇都宮満綱の娘婿となり、宇都宮氏の家督を継承。鎌倉公方足利持氏と対立し、攻撃を受け自害。

ところが樺崎寺では1421年、3代鎌倉公方満兼の13回忌法要と足利氏歴代の御廟供養が行われている。足利市教委の大澤《おおさわ》伸啓《のぶひろ》さんは「施主はおそらく持氏で、御廟の整備は供養の8年前のことと確認でき、供養を視野に入れたものだろう。持氏は鑁阿寺と樺崎寺の諸役免除も求めており、われこそが足利家の継承者と示威するものだった」とみている。

『神奈川県史』には関東の分裂を誘って鎌倉公方持氏の討伐を狙う将軍義教と、義教への対立感情を抱く持氏、この持氏にブレーキを掛けようとする関東管領上杉憲実の姿が描かれている。

中でも鎌倉を拠点とする持氏と憲実との

溝は深まる一方だった。幕府と憲実への疑念が消えない持氏は1438年、上野に退去した憲実の征伐を近臣に命じ、自らも鎌倉をたって武蔵府中に陣をしいた。京都の幕府は、これを待っていたかのように持氏征伐軍を派遣し、持氏の形勢は一気に不利になっていく。

持氏の軍は攻防を重ねるうちに背く者が相次ぎ、鎌倉を焼かれた持氏は髪をそって永安寺*に入った。憲実はこの持氏の助命を将軍義教に請うたが受け入れられず、憲実はついに義教に従って永安寺を攻めさせ、持氏は自刃した。

これが「永享《えいきょう》の乱」であり、阿部さんは「将軍権力の専制化を進める義教にとって、『血統は変わらない』として対抗する持氏は、取り除かねばならない存在だった」と説明する。

結城城に入った持氏の遺児2人はその後、捕らえられて京都に送られる途中、殺されたという。ところが将軍義教もこの直後、暗殺されてしまう。義教自身も守護大名によって除かれてしまったのである。

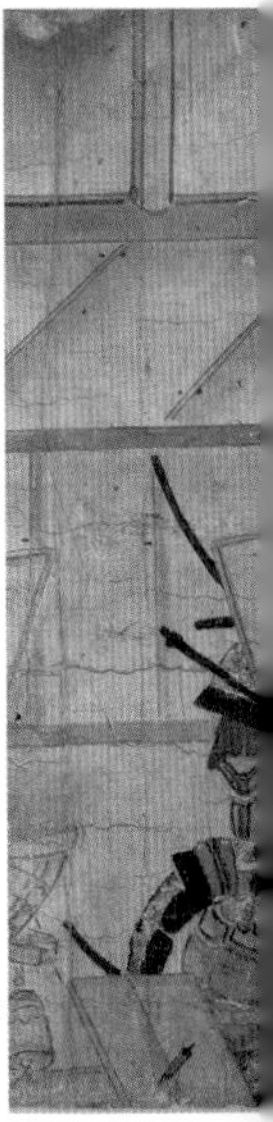

鎌倉の寺院で切腹する足利持氏を描いた結城合戦絵詞
（国立歴史民俗博物館蔵）

＊永安寺
鎌倉の二階堂谷（にかいどうがやつ）にあった関東管領足利氏満建立の寺。孫の持氏が1439年、当時の将軍足利義教と争って敗れ、この寺で自刃、寺は焼かれた。

空から見た古河総合公園の「古河公方館址」。
北西の渡良瀬川河川敷に「古河城」があった＝ヘリから撮影

古河公方館址

清新な政治求め新天地へ

茨城県古河市を流れる渡良瀬川左岸の河川敷には、明治初期に廃城となった「古河城」の跡《あと》がわずかに確認できる。

そこから南東に近接して「古河総合公園」があり、その御所沼に突き出た舌状の台地に「*古河公方館址《こがくぼうかんあと》」を示す石碑が立っている。

鎌倉公方5代の足利成氏《しげうじ》は

＊古河公方館跡

永享の乱によって自害した鎌倉公方足利持氏の四男永寿王は、足利成氏と名乗り鎌倉公方を受け継ぐが、関東管領上杉氏との抗争の末、1455年古河に移り館を構えた。以降、「古河公方」と呼ばれ、5代にわたり約130年間、北関東の一大勢力となる。

１４５５年春、古河に入り、「鴻《こうの》巣《す》御所《ごしょ》」と呼ばれた公方館と古河城を新たな拠点とした。古河歴史博物館学芸員の永用俊彦《ながようとしひこ》さんは「古河城は修理が必要な状態だったため鴻巣御所に入り、後に古河城に移ったのです」と説明する。

成氏の子孫は以降、「古河公方」と呼ばれ、５代約１３０年にわたって北関東に一大勢力を維持した。

成氏は古河に来る直前に、鎌倉の御所に関東管領《かんとうかんれい》上杉憲忠《うえすぎのりただ》を召し出して殺害するという事件を起こした。

成氏の父で４代鎌倉公方だっ

古河総合公園の沼に囲まれた台地に「古河公方館址」を示す石碑がある

古河市鴻巣399−1
古河公方公園内
【交通】JR宇都宮線古河駅から車で10分。東武日光線新古河駅から車で15分た持氏《もちうじ》は、憲忠の父で前の関東管領だった憲実《のりざね》と対立し、京都の幕府の命もあって自害に追い込まれた経緯がある。成氏の兄たちもその後の「結城合戦」で捕縛、斬殺された。

筑波大名誉教授の山本隆志《やまもとたかし》さんによると、当時の貴族の日記に「故鎌倉殿（公方）の御敵の故のものか」とあり、成氏による殺害事件は上杉勢との対立の延長上のことと捉えられた。

しかし成氏が鎌倉公方に復活できたのは、上杉氏の旧臣が信濃に逃げ延びた成氏を探し出して「鎌倉府復興」を幕府に願い出て許されたからだ。山本さんは「成氏と憲忠は直前の数年は協調関係にあった。事件を起こした背景には、恨みだけでない、成氏を激高させる何かが起こったと考えられる」と指摘する。

事件の後、成氏から京都の公家に届いた書状に注目される記述があるという。

●古河公方成氏

1439	4父足利持氏、鎌倉・永安寺で自刃
1447	鎌倉府が再建される
1451	足利成氏へのクーデター「江ノ島合戦」起こる
1454	成氏、関東管領上杉憲忠を謀殺（享徳の乱勃発）
1455	成氏、古河に移る
1482	成氏と幕府・上杉氏間で和睦が成立
1497	成氏没する。野木町・満福寺に墓あり

「志を同じくした兄弟の勝長寿院門主成潤が日光山に居を移していて、その理由を尋ねると、成潤《せいじゅん》は（仏に誓う）罰文をもって陳謝しながらも日光山に居続けている」という内容だった。

成氏はこれを、関東管領の憲忠が兄弟の成潤を鎌倉公方に立てようとする動きとみて、憲忠を御所に呼び出し殺害する行動に出た。

山本さんは「鎌倉には京都から任命される『五山十刹《じっさつ》』の僧侶がおり、その宗教勢力と憲忠が結びついていて鎌倉公方を弟の成潤に替えようとする動きがあった。これが父、兄を殺されたという政治感情を持つ成氏を、対立へと向かわせた」とみている。

この事件が、関東での戦国時代の序章とされる「享徳《きょうとく》の乱」*の発端になった。

成氏は幕府追討軍が来る前に鎌倉を出て、今の横浜から府中、さらに熊谷に移って古河に入り、その後も戦場を転々とした。足利、小山、岩舟に陣を構え、茨城県結城、宇都宮、群馬県新田、足利などで戦い、最終的に古河に落ち着いた。

＊享徳の乱

室町幕府8代将軍足利義政の頃、1454年から30年近く続いた関東の大乱。鎌倉公方足利成氏は上杉憲忠を誅殺、公方対管領を頂点として、関東の諸勢力が二つに分かれて争った。「応仁の乱の震源地はこの享徳の乱」という指摘もある。

山本さんによると、こうした成氏の足跡を丹念に調べて公方の研究を切り開いたのは、千葉大名誉教授の佐藤博信《さとうひろのぶ》さんである。

権力基盤を北関東に置いた成氏に対し、上杉氏は江戸城などを構築して対抗し、抗争は30年近くも続いた。幕府は新たな関東公方を派遣するが、成氏の隠然たる影響力や上杉氏との関係から鎌倉には入れず「堀越公方《ほりごえくぼう》」と呼ばれたという。

ところで成氏はなぜ古河を新拠点としたのだろう。

山本さんによると、古河は各戦陣へ1日で出向くことが可能であり、軍事と河川交通面で条件の整った地だった。背後に広大な御料所群があり、成氏を支える小山《おやま》氏などの豪族層が存在した。富士山と日光山が見え、

＊松月院御所塚

＊松月院御所塚

鎌倉の臨済宗円覚寺派の末寺で院号を松月院という。古河公方義氏の孫義親の妻の墓とされる。

古河市牧野御所塚東

【交通】JR宇都宮線古河駅から車で10分。東武日光線新古河駅から車で15分

＊徳源院跡

義氏の娘氏姫（うじひめ）の法号にちなんだ寺があったので「徳源院跡」と呼ばれている。「古河公方義氏公墳墓」の碑がある。

古河市鴻巣409

古河公方公園内

【交通】JR宇都宮線古河駅から車で10分。東武日光線新古河駅から車で15分

「本貫の地」足利にも近い。

山本さんは「成氏は『いつかは鎌倉を奪還する』という思いを持ちながらも、鎌倉の談合による腐敗政治から一度は新天地に出て、清新な政治を始めたいという思いが強かった。古河はそれにふさわしい東国を象徴する場所だった」とし、「平城京から平安京に移った*桓武《かんむ》天皇のような気概があったと思う」と推測する。

それは成氏の強く大きく尊大にも見える花押と、「日輪・五七桐文様」の旗からも「我こそは『関東足利氏の後継者』という自己主張がみえてくる」という。

*古河公方 足利成氏と伝わる満福寺の墓

*古河公方 足利義氏墓所の徳源院跡

＊満福寺

山号は西光山。曹洞宗の寺院で、初代古河公方足利成氏と伝わる墓がある。
野木町野渡706
【交通】JR宇都宮線古河駅から車で10分。東武日光線新古河駅から車で15分

＊桓武天皇
（737—806）

50代天皇。光仁天皇の第1皇子。長岡京、平安京と2度遷都。勘解由使を置き、坂上田村麻呂を征夷大将軍として蝦夷を征討。また、最澄・空海の登用により仏教を確立した。

喜連川家（上）

秀吉、関東の家康けん制

足利尊氏の子孫である喜《き》連《つれ》川《がわ》氏の居館は、明治維新まで、お丸山の東麓にあるさくら市喜連川庁舎の一帯にあった。

喜連川氏は江戸時代、5千石ながらも鎌倉公方家の系統でただ一つ、大名格として存続した名族である。しかし残念ながらその遺構は、明治維新の藩邸処分で一帯から消えてしまった。

空から見た旧喜連川町。
お丸山に塩谷氏の大蔵ケ崎城があり、東麓（写真左下）に喜連川氏の居館があった
=ヘリから撮影

今ではさくら市葛城の農業木村龍夫《きむらたつお》さん宅の長屋門だけが、足利氏との関わりを示す貴重な建築物として残され、市の指定文化財になっている。

市教委学芸員の池田真規《いけだまき》さんは「藩邸処分の際、足利家に仕えた龍夫さんの先祖が引き取り、現在地に移築した足利家の家紋『二つ引両紋』入りの裏門なのです」と説明する。

喜連川には400年にわたって統治した塩谷《しおや》氏がいた。しかし『喜連川町誌』*によると、17代惟久《これひさ》は豊臣秀吉《とよとみひでよし》の小田原攻めに後れを取ったため、怒りを恐れて出奔した。『栃木県史』には「人質として妻子を出せずに（北北西の）鷲宿に移った」という趣旨の記述がある。いずれにしても、お丸山にあった大蔵ケ崎城主は不在になった。

替わってまず喜連川に入ったのが、古河公方家の分家筋に当たる、下総《しもうさ》（千葉）の小弓《おゆみ》公方家である。

『喜連川町史』*によると、秀吉は小田原攻めの後、小弓公方家の足利頼淳《よりあつ》、国朝《くにとも》親子に喜連川に住むよう命じている。背景には塩谷

＊**喜連川町誌**　1977年発行。喜連川町誌委員会編。

＊**喜連川町史**　2003年より発行。全7巻。さくら市史編纂委員会編。

惟久の妻島子《しまこ》が、頼淳の娘だったことと関係があるようだ。

江戸幕府が編修した『寛政重修諸家譜』には、島子が「親を養う料として喜連川において３５００石をたまう。後弟国朝にその采地《さいち》を譲る」とある。この記述について町誌は「絶世の美女だった島子が、秀吉のもとに出向いて、惟久に二心のないことを弁明したうえで、喜連川領を弟国朝に給《たま》うよう願い、秀吉は島子の願いを了とした」という趣旨の解説をしている。

町史によると「会ったのは宇都宮と思われ」、島子は１５９０年末に上洛《じょうらく》し、父頼淳と国朝は喜連川の地に移った。「喜連川」を名乗り出したのは、この国朝の時からと考えられるという。町史は「島子の上洛は側室ということのほか、征服地の領主に課した人質の上洛とみることもできる」と推測している。戦国時代、この種の人質を取る例は、ほかの武将にもみられる。

秀吉は古河城を出て鴻巣御所に移った古河公方の氏姫《うじひめ》に対しても３３２石を「堪忍分」としてあてがい、古河に留まることを保証した。

喜連川氏の館にあった裏門が、さくら市葛城の農家に移築されている

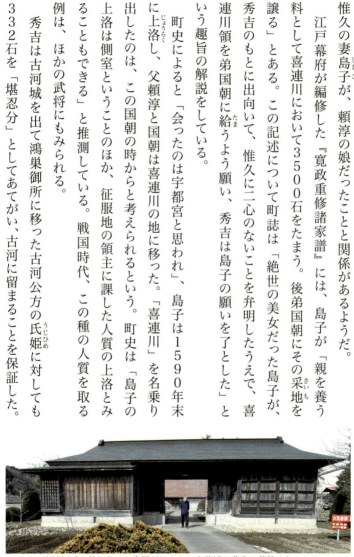

そして１５９１年、喜連川に移った国朝との婚姻を命じた。関東の覇権を争っていた古河、小弓公方両家はこの裁定によって「喜連川家」を創設し、お丸山の東麓に共存することになった。

しかし国朝は１５９３年、朝鮮戦役に向かう途中、安芸（広島）で病死してしまう。

●喜連川家誕生

1590. 8	塩谷惟久の妻島子が宇都宮で秀吉に会う
	古河公方の氏姫、秀吉から「堪忍分」あてがわれる
	足利頼淳に喜連川の地を与える方針示される
.11	喜連川国朝に喜連川領認められる
	島子が上洛
1591	氏姫と喜連川国朝が婚姻
1593	秀吉の朝鮮出兵従軍の途中で国朝死去
1594	国朝の弟頼氏、喜連川家を継ぎ氏女と婚姻

このため喜連川家は弟頼氏《よりうじ》に後を継がせ、氏姫との婚姻によって家を存続させている。そして秀吉は頼氏にも「鎌倉左馬頭《さまのかみ》殿」という呼称を用いて権威付けた。秀吉がそこまでして公方家を存続させた理由は何だったのか。

鎌倉国宝館学芸員の阿部能久《あべよしひさ》さんによると、秀吉の「東国統治構想」と無関係ではない。現実問題として関東に入り、東北まで抑えることができるのは、徳川家康《とくがわいえやす》しかいない状況だった。しかし家康の強大な権限を放置すれば、室町幕府と関東府のような争いになりかねない。阿部さんは「このため秀吉には、さまざまなけん制策が必要だった」と解説する。

そのけん制策とみられるのが「小弓系足利氏を下野国喜連川に置いて関東公方家の嫡流化を図る」ことであり「徳川領と決まった後の古河の真ん中に、わずかだが古河公方氏姫の所領を置いた」ことだという。

阿部さんは「こうした流れを見ていくと、秀吉が行った政治判断は『其《そ》の家が廃れるのを憐れみ（喜連川判鑑）』という情緒的なものではなく、豊臣政権の対徳川対策の一環として捉えるべきだ」と指摘している。

関東武士の支配にふさわしい「新《にっ》田《た》源氏」を名乗り始めた家康に対して、秀吉は「鎌倉公方足利氏」を再興させ、家康の関東移封に名門という「くさび」を打ち込んでいたのである。

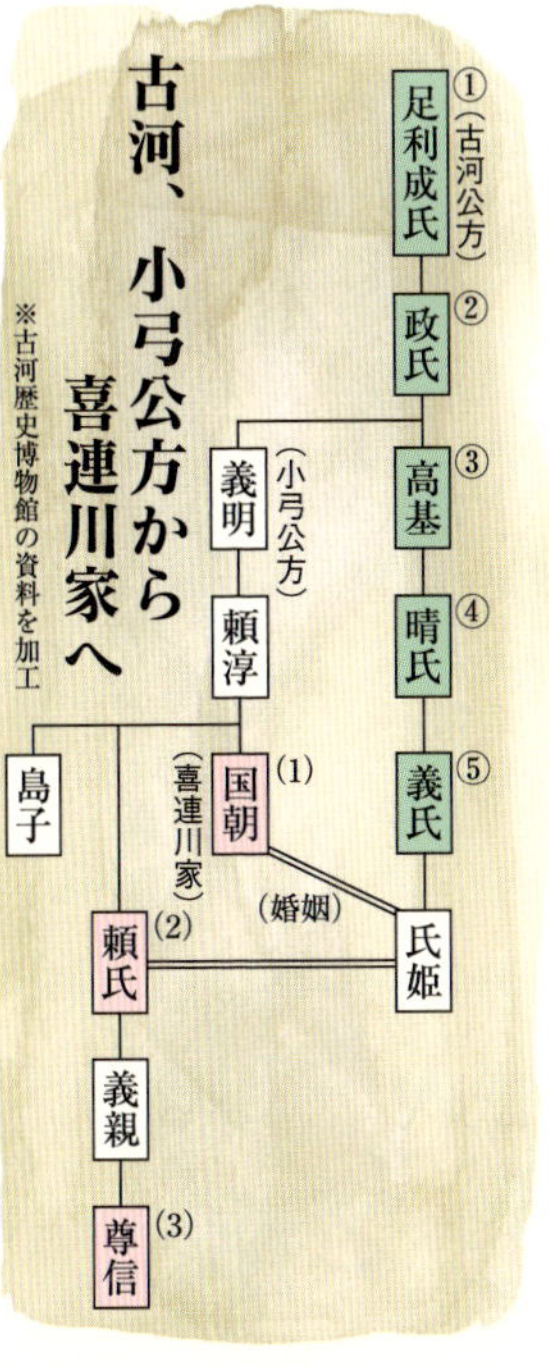

喜連川家（下）

優遇も徳川氏関与強まる

さくら市役所の喜連川《きつれがわ》庁舎東側に、臨済宗円覚寺（鎌倉）の末寺で喜連川家の菩提《ぼだい》所である*龍光寺《りゅうこうじ》がある。

寺伝によると、古くは東勝寺と号したが、1601年に喜連川家2代頼氏《よりうじ》の父頼淳《よりあつ》が亡くなると、その戒名の頭を取って寺号を龍光院とし、太平洋戦争後に龍光寺と改めた。住職の深尾《ふかお》宗淳《そうじゅん》さんは「喜連川一門の墓は、近くの璉《れん》光院や専念寺にもありますが、龍光寺が最も多いのです」と説明する。

山門の左手に喜連川家歴代の墓地がある。深尾さんによると、2代頼氏と父頼淳をはじめとする歴代当主、正室の墓など50を超える五輪塔、宝篋《ほうきょう》印塔があり、初代国朝《くにとも》と伝わる墓だけが璉光院に立っている。

＊**龍光寺**
さくら市喜連川4317
【交通】JR宇都宮線氏家駅から東野バスで約15分、喜連川本町下車徒歩2分

喜連川２代頼氏の父足利頼淳以来の墓が龍光寺にある＝さくら市喜連川

古河公方家と小弓公方の両足利家は、豊臣《とよとみ》秀吉《ひでよし》の時代に喜連川家となり、江戸時代も徳川《とくがわ》家《いえ》康《やす》によって優遇された。

喜連川家は知行《ちぎょう》が5千石だったが、10万石の大名に匹敵する家格を与えられた。さくら市ミュージアム副館長の小竹《こたけ》弘則《ひろのり》さんは「参勤交代や諸役の免除などさまざまな面から例外的な扱いを受けた。禄高《ろくだか》は高家旗本並みながら別格の扱いだった」と説明する。

1615年夏、2代頼氏は上京して家康に拝謁《はいえつ》。頼氏が退出

龍光寺の山門

する時に、家康が座を立って見送るという破格の礼遇を受けた。幕府の正史『徳川実紀』はこの時の模様を「室町将軍家の支族にて、鎌倉幕府の末裔《まつえい》なれば、その筋目を重んぜられての御事なり」と記している。豊臣家が「大坂夏の陣」で滅亡した直後のことだった。

この出来事について、鎌倉国宝館学芸員の阿部能久《あべよしひさ》さんは「家康には、喜連川氏が鎌倉幕府の正統な後継者という意識があったようで、まさに豊臣政権が肩入れし、関東公方の末裔であると強調された人物を呼び寄せ、徳川政権に取り込もうと意図したものだろう」とみている。

その頼氏と古河公方家氏姫《うじひめ》との間に生まれた義親《よしちか》は、江戸幕府の『寛政重修諸家譜』によると、「徳川四天王」の一人榊原康政《さかきばらやすまさ》の養女

龍光寺北端の宮殿には、4代昭氏がつくらせた尊氏木像が安置されている

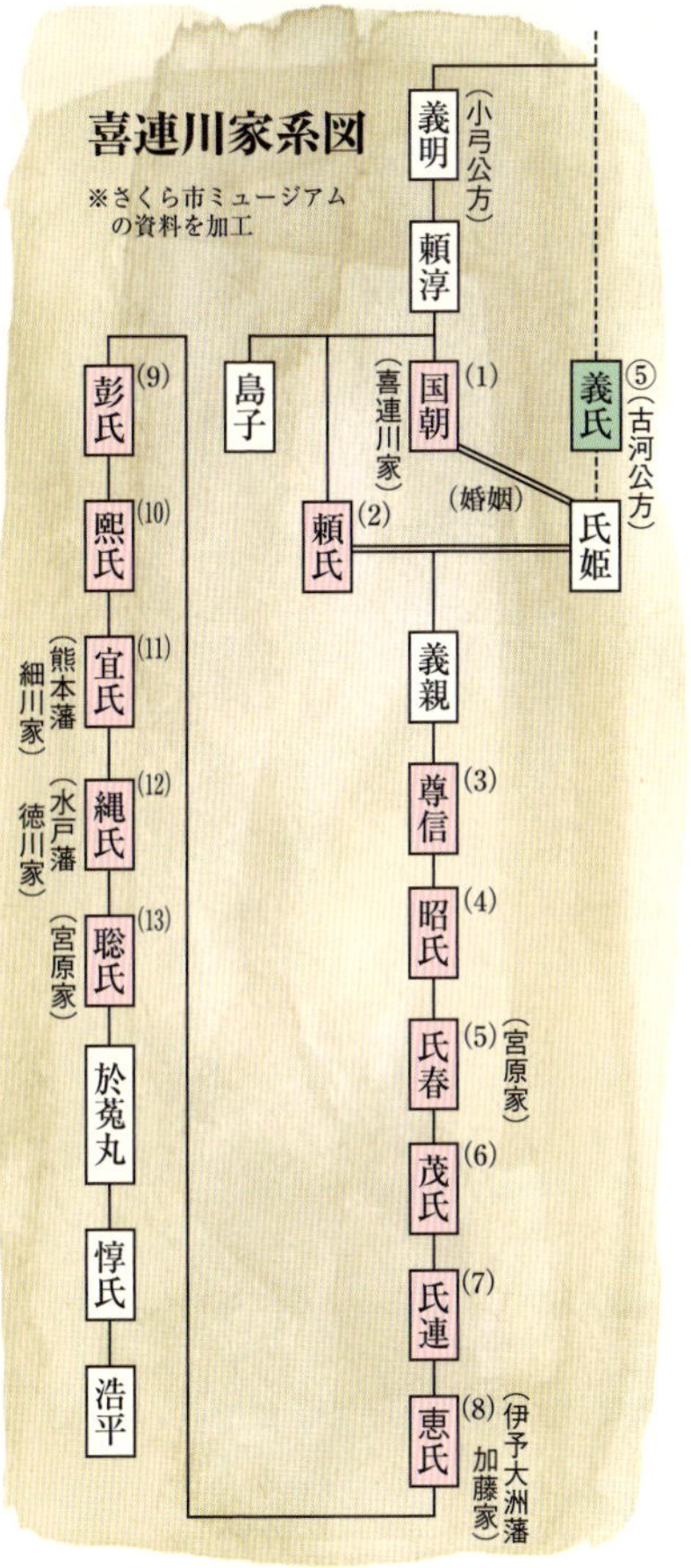

を正室に迎えている。『喜連川町史』によると、この養女は義親との間に喜連川3代尊信《たかのぶ》を産み、直後の1619年に亡くなった。古河市内の「松月院御所塚」に墓石がある。

家康の逸話集『武辺雑談』によると、ほぼ同じ時期に家康晩年の側室だった於六《おろく》という女性が古河公方に嫁している。『喜連川家臣家譜集』にも「義親公室」とある。家康の没後に落飾して養儼院《ようげんいん》と名乗ったが、2代将軍秀忠《ひでただ》の上意によって還俗《げんぞく》し、公方家に嫁したとされる。

29歳で亡くなった彼女の供養塔が日光山中にあり、位牌《いはい》が日光観音寺に残されている。

この於六を榊原氏の養女とみる向きもあるが没年に違いがあり、同一人物かどうかははっきりしない。

ただこの時期には、徳川氏の関与が強まっていたことをうかがわせる。

古河公方の氏姫と息子の義親は、生涯を通して古河から動かなかった。

しかし母親、氏姫、義親が亡くなり、喜連川2代頼氏も1630年に死去すると、義親の子尊信は古河から喜連川に移る。『喜連川町史』は「ここに足利の二流は名実ともに一つになった」と記している。

ところが喜連川藩は、この3代尊信の時に「家中騒動」を起こしている。

騒動は、一部重臣たちが藩主尊信を「乱心した」として押し込め

●喜連川家

1630	喜連川尊信、古河鴻巣館から喜連川に移る
1647	喜連川家で家中騒動
1648	尊信、幕命により隠居し昭氏が家督を継ぐ
1709	喜連川家、財政逼迫のため家中から借上げを実施
1761	伊予大洲藩加藤家から恵氏迎える
1850	熊本藩細川家から養子紀氏迎える
1858	紀氏、熊本に戻る。細川家から宜氏迎える
1861	宜氏が病のため、水戸徳川家から縄氏迎える
1869	版籍奉還が行われ喜連川藩が成立
1870	聡氏、領地を返上し、日光県に編入される

たことが発端だった。幕府は尊信を引退させ、幽閉した重臣を流罪にした。この騒動について町史は「当時、12歳の尊信には上総衆と古河衆の家臣団をまとめる力はなく、喜連川家成立の諸事情が家中騒動を引き起こす原因になった」とみている。

喜連川家は騒動後、わずか6歳の昭氏《あきうじ》が家督を継ぎ、亡き母の実家榊原氏が後見人に就いている。

以降、喜連川家は養子を迎えることが多かったが、天保期に藩改革を進めた10代熙氏《ひろうじ》らのように小説のモデルになるような人材を輩出した。

足利氏の継承者で喜連川家の現当主である足利浩平《こうへい》さんは「細川家から養子に入った紀氏《のりうじ》のように、喜連川には収まりきれずに出奔して後にオランダ公使、貴族院議員などを務めた人物もいましたが、代々の当主は、それぞれ『足利』という血統に強いこだわりを持っていたと思う」と説明する。

水戸家から入った12代縄氏《つなうじ》はその通り、幕府が倒れて明治維新になると束縛から開放されたかのように姓を本姓の「足利」に戻している。

喜連川氏が推奨した寒竹（かんちく）囲いの家

進む再評価
―尊氏らの遺産に新たな光―

源姓足利氏は平安時代末に下野国足利で生まれ、江戸時代に喜連《きつれ》川《がわ》を統治した名門氏族である。

発祥の地足利から鎌倉幕府の有力御家人となり、京都に240年近くの武家政権を築いた。このうち関東足利氏は鎌倉、古河などを経て、豊臣《とよとみ》秀吉《ひでよし》によって創設された喜連川家で江戸時代も大名格として存続した。

ところが意外なことに、こんな栃木発の歴史があまり知られていない。足利氏の活動基盤だった古都京都や武家の都鎌倉でさえ、足利氏に対する関心は薄いように感じた。これは明治末期に起こった「南北朝正閏論争」の後、文部省が南朝正統論に立った教科書に改訂するなど尊氏《たかうじ》が「反逆の徒」とされてしまったこととも無関係ではないだろう。

1934（昭和9）年には、雑誌で尊氏を「すぐれた人物だ」と評価した商工大臣中島九万吉《なかじまくまきち》が議会から猛烈な追及を受け、大臣のポストを棒に振っている。

こうした経緯は東京大教授などを歴任した佐藤進一《さとうしんいち》さんが、半世紀前に出版した『日本の歴史9 南北朝の動乱』で丁寧に説明している。戦前には関係寺社、自治体が委縮し、南北朝時代の研究も学問として取り上げにくくなったようなところがある。

さくら市鷲宿の「喜連川公方資料館」には、足利氏の継承者で現喜連川家当主の足利浩平《こうへい》さんが先代惇《あつうじ》氏さんから受け継いだ足利家ゆかりの品々が展示されている。

資料館は旧喜連川町の助役を務めた軽部郷男《かるべさとお》さんが倉庫を改装して開設し、そこには京都大文学部長、東海大学長を歴任した惇氏さんと学習院初等科で同級生だった昭和天皇との写真などが並び、惇氏さんの回想録が置いてある。

足利市光得寺にある
歴代足利氏とその重臣の供養塔

惇氏さんはこの中で「歴史の授業で『尊氏』の名が先生の口から出てくるたびに、クラス中から一斉に敵意のある視線を向けられた」と書き残している。

旧制中学の上級生になって鎌倉・長寿寺にある尊氏の墓参をしたところ、墓石が崩され転がったままになっていた。案内人に尋ねたところ、「小学生が先生に引率されてやって来ては『この憎たらしい尊氏めが』と積み重ねた石塔を崩しては蹴飛ばし、元通りにしてもまたこんなふうにされてしまう」と話したという。

惇氏さんは「生徒より微笑して黙ってみている先生に対して、憤りで胸に熱いものを感じた。日本人の大部分が少年時代にこういう教育を受けてきたことを知ると、いろいろの意味で残念な気がする」と記した。そして「尊氏がこんな烙印《らくいん》を押されるに至ったのは実に徳川光《とくがわみつ》圀《くに》の『大日本史』以来のことであり、おかげでわが輩も逆賊の子孫とかたづけられた」と嘆いている。

その『大日本史』は足利氏をどう記しているのだろう。

『茨城県史』によると、光圀が当時の国内の学者を集めてまとめた『大日本史』は当初、中国の歴史思想を取り入れ、南北朝については「南朝を正統」とし、草稿の段階では足利一族は残らず「賊」と記していたという。これが明治時代末の、「南北朝正閏《せいじゅん》論」につながる。

江戸時代初期は、実在の北朝が正統と考えられていたが、南北朝時代を描いた『太平記』が広く流布して読まれ、儒学の影響もあって、南朝を正統とみる考え方が起こったとされる。江戸幕府を開いた徳川氏が「新田《にった》源氏」を名乗ったことも影響したとみられる。

しかしこの編さん初期の方針は次第に修正が加えられた。光圀の没後間もなく『本紀』などのほかに『将軍伝』を立てることが決まり、

広島県尾道市の浄土寺の足利尊氏像。大分県の安国寺の「尊氏坐像」と像容が共通している

尊氏ら足利将軍3代はこの中で記され、「賊」という過激な表現は廃されたという。

茨城県立歴史館副参事の永《なが》井《い》博《ひろし》さんは「儒教の原則を当てはめると足利氏は「賊」という書き方になったが、足利氏は天皇制を転覆させたわけではない。そうすると『足利氏がすべて悪いのか』となり、最終的には『南朝側にも原因がある』という結論になった。現実に北朝があるので、折り合

いをつける必要もあった」と経緯を説明する。しかし修正前の「賊」としたところは明治維新以降にも取り上げられ、拡散した。

この源姓足利氏と室町幕府が、このところ研究者の手で大きく見直され始めている。尊氏はもちろん、弟の直義《ただよし》、3代将軍義満《よしみつ》にも改めて光が当たっている。

京都では三大祭の一つ「時代祭」に「室町幕府執政列」の加入がようやく認められた。室町時代が日本文化に果たした役割の大きさも評価されてきている。

2012(平成24)年に「足利尊氏」展を担当した栃木県立博物館学芸部長の江田《えだ》郁夫《いくお》さんは「足利氏と足利などの歴史に注目が集まるまでに時間がかかったが、やっとくびきから開放され、今は存在を再評価するタイミングに入っている」と指摘する。

足利市では鑁阿寺《ばんなじ》本堂が国宝に、樺崎寺跡が国史跡に指定された。こうして掘り起こされつつある歴史・文化遺産をどう取り扱うかが今後、問われてくるだろう。

太鼓橋の後ろに足利氏の居館跡だった鑁阿寺本堂などが建っている
＝足利市家富町

足利氏関連年表

西暦	年号	事項
832	天長9	小野篁の足利学校創設説
1142	康治元	源義国、足利の私領を鳥羽院に寄進。足利荘公認
1150	久安6	源義国、勅勘をこうむり足利へ
1155	久寿2	義国没する
1156	保元元	足利初代義康、保元の乱で後白河天皇方に
1157	保元2	義康没する
1160	永暦元	源頼朝、伊豆に流される
1180	治承4	源頼朝、伊豆で挙兵。足利2代義兼、頼朝に参陣
		新田義重は寺尾城にこもる
1181	養和元	義兼、北条政子の妹時子をめとる
1182	寿永元	新田義重、源頼朝の勘気こうむる
		源頼朝、日光山に寛伝を送り込む
1184	寿永3	義兼、平家追討軍に入る
1185	文治元	壇ノ浦の戦いで平家滅亡に至る
1187	文治3	北条政子、病の時子を見舞う
1188	文治4	義兼、伊豆走湯山から理真を招き護持僧に
		戦勝祈願のため、土地を寄進し、理真上人を開山に樺埼寺を建立
1189	文治5	源頼朝奥州合戦。足利義兼は従軍。新田2代義兼も参陣
1190~98	建久元	足利義兼が足利学校創設か
1193	建久4	源頼朝、新田義重を新田館に訪ねる

1194	建久5	北条時子死去か（1196年説もあり）
1195	建久6	義兼、源頼朝の上洛に同行し東大寺で出家
1199	正治元	源頼朝死去
		義兼、樺崎寺で入滅
1200	正治2	寛伝、源頼朝の菩提を弔うため惣持禅院を創建
1202	建仁2	新田義重没する
1213	建保元	足利３代義氏、和田合戦に参陣
1219	承久元	鎌倉３代将軍源実朝暗殺される
1221	承久3	義氏、承久の乱で後鳥羽上皇軍と合戦。東海道大将軍に
1222	貞応元	足利義氏が瀧山寺本堂を棟上げ
1224	元仁元	義氏、三河国守護、額田郡地頭職に
1234	文暦元	義氏、鑁阿寺に大御堂や大日如来大殿の建立を始める
1237	嘉禎3	足利４代泰氏、丹後守から宮内小輔に
1241	仁治2	義氏出家
1248	宝治2	義氏、結城朝光と相論
1249	建長元	足利に法楽寺を建立
1251	建長3	泰氏、所領の下総で出家し（自由出家事件）、頼氏に家督を譲り足利平石に閑居
1254	建長6	義氏没する
1261	弘長元	足利５代頼氏、鶴岡八幡宮放生会の随兵を病のため辞退
1262	弘長2	頼氏、没か
1265	文永2	泰氏、足利に智光寺を建立
1269	文永6	足利６代家時、鑁阿寺内の諸規定定める
1270	文永7	泰氏没す
1282	弘安5	家時、伊予守に命じられる

1284	弘安7	執権北条時宗が死去（4月）
		佐介時国、召喚され、後に誅殺（6月）
		家時、自殺か（6月）
		北条貞時、執権に就く（7月）
1285	弘安8	安達泰盛一族滅ぼされる（霜月騒動）
1287	弘安10	鑁阿寺大御堂が落雷に遭い炎上
1292	正応5	7代貞氏、鑁阿寺大御堂の修復造営に向け作業を始める
1299	正安元	鑁阿寺本堂、貞氏によって上棟が行われる
1305	嘉元3	足利尊氏生まれる
1307	徳治元	足利直義誕生か
1333	正慶2	鎌倉幕府滅亡。後醍醐天皇、建武政権発足（7月）
		直義、鎌倉将軍府を設立（12月）
1335	建武2	尊氏、北条時行を撃破（中先代の乱）（7月）
		尊氏、鎌倉を奪回（8月）
		後醍醐、尊氏の追討軍派遣（11月）
		尊氏、箱根・竹ノ下合戦で後醍醐天皇派遣の追討軍を撃破（12月）
1336	建武3	足利軍入京（1月）
		尊氏、新田義貞らに敗れ九州に（2月）
		尊氏、筑前多々良浜で菊池軍を破る（3月）
		尊氏、九州の菊池軍を撃破。湊川の戦いでも楠木正成らに勝利（5月）
		尊氏、「建武式目」制定。室町幕府発足（11月）
		後醍醐天皇、吉野へ（南北朝分裂）（12月）
		鎌倉に長寿寺建立と伝わる（1358年説もあり）
1338	暦応元	尊氏、征夷大将軍に任命される

1339	暦応2	後醍醐天皇、吉野で逝去
		尊氏と直義、天龍寺を創建
1341	暦応4	直義、天龍寺船を元に派遣
1345	貞和元	直義、神護寺に願文を奉納
		尊氏・直義、諸国に安国寺・利生塔を設置へ
1349	貞和5	足利直冬、長門探題に任じられる（4月）
		直義と高師直が不和に（6月）
		直義、高師直に襲われ尊氏邸へ逃げる（8月）
		直義が引退し、鎌倉の義詮が京都へ。直冬は九州へ逃げる（9月）
		鎌倉公方足利基氏による足利学校興隆
1350	観応元	直義、尊氏・高師直打倒のため挙兵（観応の擾乱）（10月）
		尊氏、光厳上皇より直義追討の院宣を受ける（11月）
		直義、南朝方と結ぶ（12月）
1351	観応2	尊氏、摂津国打出浜で直義に敗れ、和議結ぶ（2月）
		高師直ら高一族、上杉軍に襲撃され虐殺される（2月）
		尊氏と直義、駿河国薩埵山で戦う（12月）
1352	文和元	足利直義、鎌倉で没する。47歳（2月）
1353	文和2	尊氏、鎌倉の政治体制を固め、基氏に後事を託して帰京（7月）
1358	延文3	尊氏、京都で没す（54歳）。京都等持院に葬られる（4月）
1368	応安元	3代将軍義満、征夷大将軍に任命される
1378	永和4	義満、幕府を室町の「花の御所」に移す
1382	永徳2	義満、相国寺を建立へ
1392	明徳3	義満、南北朝を合一
1394	応永元	義満、将軍職を義持に譲り太政大臣に

1397	応永4	義満、北山第造営へ
1408	応永15	義満没す（7月）
1409	応永16	義持、北山第の破却に着手
1413	応永20	4代鎌倉公方持氏、樺崎寺の御廟整備
1421	応永28	3代公方満兼13回忌法要と御廟供
1425	応永32	室町幕府5代将軍、足利義量死去
1428	正長元	室町4代将軍、義持没する
1429	永享元	義教がクジで室町6代将軍に
1432〜39	永享4	上杉憲実、足利学校に鎌倉から僧快元を招く
1432		四半世紀前からの鑁阿寺本堂の大修造が終わる
1438	永享10	鎌倉公方持氏、関東管領上杉憲実討伐を命じる
		室町幕府、持氏を追討（永享の乱）
1439	永享11	持氏自害。鎌倉公方家が滅亡
1440	永享12	結城氏朝が持氏の遺児を奉じて挙兵（結城合戦）
1441	嘉吉元	室町幕府6代将軍義教暗殺される（嘉吉の乱）
1447	文安4	鎌倉府が再建される
1451	宝徳3	足利成氏へのクーデター「江ノ島合戦」起こる
1454	享徳3	成氏、関東管領上杉憲忠を謀殺（享徳の乱勃発）
1455	康正元	鎌倉公方成氏、古河に移る（古河公方）
		成氏、古河に移る
1467	応仁元	応仁の乱始まる（〜1477）
		足利学校を鑁阿寺隣接地に移す
1482	文明14	成氏と幕府・上杉氏間で和睦が成立
1497	明応6	成氏没する。野木町・満福寺に墓あり

1528〜31	享禄元	足利学校の講堂、書院全焼
1549	天文18	ザビエル、足利学校を「坂東の大学」と書簡送る
1561	永禄4	天海、足利学校に学ぶ
1573	天正元	室町幕府滅亡
1587	天正15	フロイス、著書に足利学校を「坂東随一の大学」と記す
1590	天正18	塩谷惟久の妻島子が宇都宮で秀吉に会う（8月）
		古河公方の氏姫、秀吉から「堪忍分」あてがわれる（8月）
		足利頼淳に喜連川の地を与える方針示される（8月）
		喜連川国朝に喜連川領認められる（11月）
		島子が上洛（11月）
1591	天正19	古河公方の氏姫、喜連川国朝と、国朝没後はその弟頼氏と結婚
1593	文禄2	秀吉の朝鮮出兵従軍の途中で国朝死去
1594	文禄3	国朝の弟頼氏、喜連川家を継ぎ氏女と婚姻
1595	文禄4	徳川家康、京都に移された書籍などを足利学校に戻す
1630	寛永7	喜連川尊信、古河鴻巣館から喜連川に移る
1647	正保4	喜連川家で家中騒動
1648	慶安元	尊信、幕命により隠居し昭氏が家督を継ぐ
1709	宝永6	喜連川家、財政逼迫のため家中から借上げを実施
1761	宝暦11	伊予大洲藩加藤家から恵氏迎える
1850	嘉永3	熊本藩細川家から養子紀氏迎える
1858	安政5	紀氏、熊本に戻る。細川家から宜氏迎える
1861	文久元	宜氏が病のため、水戸徳川家から縄氏迎える
1869	明治2	版籍奉還が行われ喜連川藩が成立
1870	明治3	聡氏、領地を返上し、日光県に編入される

あとがき

新聞論説の真骨頂を発揮した力作

本書は、室町幕府を創立した足利尊氏を生んだ名門源姓足利氏の歴史とその世界について、下野新聞紙上に特集掲載された。論説室出身で特別編集委員の綱川栄氏と写真映像部の山口達也氏が、足利氏ゆかりの地に出向き、関係者や研究者への取材によるコメントや写真をもとに叙述した全二十九編の長編である。

言うまでもなく、足利氏は栃木県足利市が出身の地であるが、尊氏の活躍の場所は京都・鎌倉を中心に全国各地に及び、その子孫末裔の活躍も全国に分散しているため、その全体像は容易につかみがたい大きなテーマである。

小生は、以前勤務していた栃木県立博物館で、昭和六十年に「足利氏の歴史―尊氏を生んだ世界」という企画展を担当し、退職後の平成二十四年にも「足利尊氏―その生涯とゆかりの名宝」という企画展に関わらせていただいた。展覧会という性格上、足利尊氏や足利氏ゆかりの実物史料を展示紹介することで、足利氏の歴史への理解を深めていただこうというアプローチで好評を得たが、この二つの展覧会の二十七年間の経過の最中に、足利樺崎寺跡が国指定史跡となって発掘・整備が進み、神護寺蔵の伝源頼朝画像などの三画像が、足利直義・尊氏・義詮の肖像画ではないかとの新説発表や、足利義兼に関わる運慶作と見られる大日如来像の再発見をはじめ、足利氏関係の新たな史料の発掘や研究が進展し、尊氏や足利氏に対する評価や関心も飛躍的に増してきたように思う。そして最近、鑁阿寺本堂が国宝に指定されるなど、益々足利氏再評価への期待がふくらんでいる。

従って「下野国が生んだ足利氏」というタイトルの本書は、タイムリーな企画といえる。本拠地である栃木県から足利氏の歴史世界を俯瞰しようという観点で、「足利将軍の京都」、「ルーツ・足利」、「新田氏の上野」、「分国・三河」、「武家の古都・鎌倉」、「新拠点・古河」、「鎌倉公方の後裔」のテーマ構成である。地元足利はもとより、京都や鎌倉、愛知県岡崎市や群馬県太田市、茨城県古河市、栃木県さくら市などのゆかりの地に精力的に足を運び取材を重ねてきた成果を書き綴っておられる。取材のコメンターは延べ百人余にも及び、展覧会や研究誌の論文などとは趣が違って現代人が語る生の感触が伝わり、足利氏の歴史と現在が交叉するような筆致で、まさに新聞論説の真骨頂を発揮した力作である。小生も何度か取材を受けたが、コメントの確認作業は再三に及び、その堅実性は保証できる。

全編にわたり、それぞれのテーマで足利氏の歴史に関わる様々なエピソードや秘話を随所に織り交ぜ、主な研究動向も網羅されている。中でも、特に印象深かったのは、尊氏が逆賊とされていた時代のエピソードや、京都の時代祭にはごく最近まで室町時代の列がなかった話（プロローグ・エピローグ）、鑁阿寺の宝物を戦火から守った苦労話（鑁阿寺㊦）、義兼が慈しんだ二躰の運慶作大日如来像の話（樺崎寺跡㊦）など、枚挙にいとまがない。

本書は、現時点での足利氏の歴史世界に読者を誘う絶好の入門書といえよう。

元栃木県立博物館技幹・日光市観音寺住職　千田 孝明

参考文献

有馬頼底・真野響子　『古寺巡礼8 相國寺』　淡交社　2007年

台一雄　『足利の伝説』　岩下書店　1971年

『続足利の伝説』　岩下書店　1974年

『続々足利の伝説』　岩下書店　1978年

『足利歴史散歩』　岩下書店　1985年

大澤伸啓　『樺崎寺跡―足利一門を祀る下野の中世寺院』　同成社　2010年

亀田俊和　『足利直義―下知、件のごとし』　ミネルヴァ書房　2016年

川勝承哲・今谷明編　『古寺巡礼34 等持院』　淡交社　2009年

菊地卓　『吉祥寺開基 足利頼氏公』　吉祥寺　1991年

『桐生史苑』30より「足利尊氏をめぐる八人のひとびと」　桐生史談会　1991年

日下部高明、菊地卓　『新訂 足利浪漫紀行』　随想舎　2006年

倉澤昭壽　『近世足利学校の歴史』　足利市　2011年

黒田日出男　『国宝神護寺三像とは何か』　角川選書　2012年

佐藤進一　『日本の歴史9 南北朝の動乱』　中公文庫　1965年

清水克行　『人をあるく 足利尊氏と関東』　吉川弘文館　2013年

田中大喜　『中世関東武士の研究9 下野足利氏』　戎光祥出版　2012年

『新田一族の中世「武家棟梁」への道』　吉川弘文館　2015年

千田孝明　『足利尊氏と足利氏の世界』　随想舎　2012年

中島粂雄　『大河ドラマがもたらしたもの まちおこし大変記』　月刊みにむ　1992年

貫達人・川副武胤　『鎌倉廃寺事典』　有隣堂　1980年

早島大祐　『室町幕府論』　講談社　2010年

兵藤裕己校注　『太平記1―6』　岩波文庫　2014―2016年

前澤輝政　『改訂新版 足利の歴史』　随想舎　2009年

峰岸純夫　『中世東国の荘園公領と宗教』　吉川弘文館　2006年

『足利尊氏と直義 京の夢、鎌倉の夢』　吉川弘文館　2009年

峰岸純夫・江田郁夫	『足利尊氏再発見 一族をめぐる肖像・仏像・古文書』	吉川弘文館	2011年
	『足利尊氏ー激動の生涯とゆかりの人々』	戎光祥出版	2016年
森茂暁	『足利直義ー兄尊氏との対立と理想国家構想』	角川選書	2015年
	『足利尊氏』	角川選書	2017年
山越忍済	『足利の鑁阿寺』	鑁阿寺	1965年
	『足利の鑁阿寺（続編）』	鑁阿寺	1969年
栃木県史編さん委員会	『栃木県史 通史編3・中世』	栃木県	1984年
神奈川県県史編集室	『神奈川県史 通史編』	神奈川県	1981年
足利市	『足利市史 上巻』	足利市	1928年
足利市史編さん委員会	『近代足利市史 第1巻』	足利市	1977年
新田町誌編さん室	『新田町誌 第四巻 特集編 新田荘と新田氏』	新田町誌刊行委員会	1984年
新編岡崎市史編集委員会	『新編岡崎市史2 中世』	新編岡崎市史編集委員会	1989年
鎌倉市史編纂委員会	『鎌倉市史 総説編』	吉川弘文館	1959年
	『鎌倉市史 社寺編』	吉川弘文館	1959年
古河市史編さん委員会	『古河市史 通史編』	古河市	1988年
喜連川町	『喜連川町誌』	喜連川町	1977年
さくら市史編さん委員会	『喜連川町史 第6巻』	さくら市	2008年
氏家喜連川歴史文化研究会	『氏家喜連川 歴史と文化第15号』	氏家喜連川歴史文化研究会	2016年
栃木県立博物館	『足利氏の歴史ー尊氏を生んだ世界』	（企画展図録）	1985年
	『足利尊氏 その生涯とゆかりの名宝』	（企画展図録）	2012年
足利市教育委員会	『足利学校ー日本最古の学校 学びの心とその流れ』	（企画展図録）	2004年
	『鑁阿寺の宝物』	（企画展図録）	2004年
さくら市ミュージアム	『喜連川御城下～そのくらしと文化』	（企画展図録）	2012年
荒井寛方記念館	『喜連川文書の世界 古河公方の成立・喜連川氏の誕生 関東公方・足利氏の遺産』	（企画展図録）	2015年

デスク
早川 茂樹

執　筆
綱川 栄

図　版
稲葉 明男

写　真
山口 達也

装　丁〈デザイン〉
imagical（イマジカル）

下野国《しもつけのくに》が生《う》んだ足利氏《あしかがし》

2017年12月20日 初版第1刷発行
2018年 2月 5日 初版第2刷発行
6月14日 初版第3刷発行
2021年 1月30日 初版第4刷発行

著　者　下野新聞社編集局

発　行　下野新聞社
〒320-8686 栃木県宇都宮市昭和1-8-11
TEL.028-625-1135（編集出版部）
FAX.028-625-9619
印　刷　株式会社シナノパブリッシングプレス

© Shimotsuke shimbunsha 2017 Printed in Japan
ISBN978-4-88286-672-5 C0021

＊定価はカバーに表示してあります。
＊落丁本・乱丁本はお取替えいたします。
＊本書の無断複写・複製・転載を禁じます。

Shimotsuke books 下野新聞社の本。

下野の明治維新

大嶽浩良 著

978-4-88286-565-0 ●四六判上製 ●本体2,200円

栃木県の維新期研究の決定版

ペリー来航に始まる幕末の激動期、戊辰戦争を経て軍政・民政が敷かれた廃藩置県前夜、宇都宮県と栃木県の合併で誕生した本格的県政の始まりまでを、本県近現代史研究の第一人者が分かりやすく通史解説した。

14.12

［増補版］とちぎの古城を歩く

兵どもの足跡を求めて

塙 静夫 著

978-4-88286-573-5 ●A5判並製 ●本体2,000円

栃木県内108城館跡の栄枯盛衰つづる

中世から近世期にかけて県内につくられた数々の城。ある城は明治時代まで生き残り、ある城は取り潰され、またある城はライバルの前に敗れた。航空写真も多用し県内城館のすべてに迫る。

15.1

下野おくのほそ道

新井敦史 著

978-4-88286-589-6 ●四六判並製 ●本体1,500円

下野新聞大好評連載寄稿の書籍化

最高傑作「おくのほそ道」に結実する旅で、下野国内には22日間にわたって逗留した松尾芭蕉。この地でどんな風景・史跡に接し、だれと出会い別れ、何をその句に残したのか。「大田原市黒羽芭蕉の館」学芸員が全容に迫る。

15.6

下野新聞で見る昭和・平成史Ⅰ

1926―1951

下野新聞社 編

978-4-88286-593-3 ●B5判並製 ●本体2,900円

下野新聞紙面一面を大胆にレイアウト

昭和天皇即位から満州事変、太平洋戦争開戦と敗北、サンフランシスコ講和条約まで、激動の昭和初期を下野新聞はどう報じたのか。当時の紙面で綴る昭和平成史シリーズ第一巻。

15.8

Shimotsuke books 下野新聞社の本。

うつのみやの地名と歴史散歩

塙 静夫 写真・文

978-4-88286-596-3 ●A5判並製 ●本体2,500円

地名の由来とまつわる歴史をカラーで解説

災害列島日本には、先人が危険箇所を知らせる「災害地名」が多い。宇都宮市全域各地名の本来の意味を解き明かすとともに、著者が自ら訪ね歩いた名所旧跡を分かりやすく案内するオールカラーガイド。

15.10

下野新聞で見る昭和・平成史II

1952―2015

下野新聞社 編

978-4-88286-616-9 ●B5判並製 ●本体2,900円

時代の出来事を臨場感を持って再録!!

戦後の復興、高度経済成長、バブルの崩壊、凶悪化する事件事故、東日本大震災まで、当時の下野新聞紙面で綴る昭和平成史シリーズ第二巻(最終巻)。栃木県の重大紙面も満載。

16.3

若き日の野口雨情

大嶽浩良・中野英男 著

978-4-88286-617-6 ●四六判上製 ●本体2,200円

野口雨情の「若き日」の実像に迫る

「赤い靴」「シャボン玉」などの作者として知られる詩人・野口雨情の創作活動の原点を探る新研究書の誕生。上京、帰郷、結婚、離婚、野口家の衰退、最初の妻ヒロの悪妻説まで、等身大の青年雨情像を描いた力作。

16.3

語りつぐ戦争 とちぎ戦後70年

下野新聞社編集局 著

978-4-88286-622-0 ●B5判並製 ●本体2,300円

なによりも強いのは、体験した人の言葉

生き残った元将兵や空襲に遭った市民の証言、沖縄戦で疎開を進めた宇都宮市出身の沖縄県警察部長・荒井退造や、那須塩原市に疎開し多くが衰弱死した東京都養育院など、総力を挙げて取り組んだ大型企画連載書籍化!

16.7